Inhalt

Zeichenerklärung

★★★   nicht verpassen
★★   besonders sehenswert
★   wichtig für speziell
     interessierte Besucher

[A1]   Planquadrat im Kartenmaterial. Orte ohne diese Angabe liegen außerhalb unserer Karten. Ihre Lage kann aber wie von allen Ortsmarken mithilfe der begleitenden Web-App angezeigt werden (s. S. 143).

◁ *Die goldene Skulptur der Fama auf der Glaskuppel*
des Lipsiusbaus (s. S. 56, 024dn Abb.: br)

Beate Reußner, Jürgen Bosenius

CITY|TRIP
DRESDEN

Nicht verpassen! Karte S. 5

2 **Frauenkirche [D7]**
Die berühmte Sandsteinkirche mit der mächtigen steinernen Kuppel überragt heute wieder die Silhouette der Stadt (s. S. 50).

6 **Brühlsche Terrasse [D6]**
Auf Dresdens schönster Terrasse – dem „Balkon Europas" – flaniert man vor historischer Kulisse und mit Ausblick auf die Elbe und das gegenüberliegende Königsufer (s. S. 55).

12 **Residenzschloss und Grünes Gewölbe [C7]**
13 Die einstige Residenz der sächsischen Kurfürsten und Könige beherbergt verschiedene Ausstellungen und ist mit dem Grünen Gewölbe und seinen Kostbarkeiten das Aushängeschild der Staatlichen Kunstsammlungen Dresden (s. S. 59 und s. S. 62)

14 **Kathedrale Ss. Trinitatis (Katholische Hofkirche) [D6]**
78 meterhohe Heiligenfiguren aus Sandstein schmücken die Fassade und die Balustraden des größten Kirchenbaus in Sachsen. In den Katakomben der Kathedrale ruht das Herz Augusts des Starken (s. S. 62).

16 **Stallhof und Fürstenzug [D7]**
Außen am Stallhof ist auf knapp 25.000 gelb-weißen Meissner Porzellankacheln die Ahnengalerie sächsischer Fürsten und Könige zu sehen (s. S. 65).

19 **Semperoper [C6]**
Festlich thront das Opernhaus auf dem Theaterplatz und zieht zu Führungen, Konzerten und Veranstaltungen täglich bis zu tausend Besucher an (S. 67).

21 **Zwinger und Gemäldegalerie Alte Meister (Sempergalerie) [C6]**
22 Das einzigartige, weitläufige Gebäudeensemble ist an sich schon sehenswert, beherbergt aber auch bedeutende Sammlungen. Die Gemäldegalerie bietet herausragende Werke der Malerei (s. S. 68 und S. 71).

34 **Großer Garten und Palais [G10]**
Das „grüne Herz Dresdens" ist eine wunderbare Erholungsoase, das Palais ein frühbarockes Architekturhighlight (s. S. 81).

52 **Schloss und Park Pillnitz**
Malerisch liegt die prächtige Sommerresidenz des sächsischen Hofes mit seiner weitläufigen Parkanlage und der uralten Kamelie an der Elbe (s. S. 104).

Leichte Orientierung mit dem cleveren Nummernsystem
Die Sehenswürdigkeiten sind im Text und im Kartenmaterial mit derselben **magentafarbenen ovalen Nummer** ❶ markiert. Alle anderen Lokalitäten wie Geschäfte, Restaurants usw. tragen ein **Symbol und eine fortlaufende rote Nummer** (🔴1). Die Liste aller Orte befindet sich auf Seite 140, die Zeichenerklärung auf Seite 143.

Dresden auf einen Blick

0 — 1000 m

© REISE KNOW-HOW 2015

Die Äußere Neustadt S. 96

Rund um den Theaterplatz S. 66

Semperoper 19

Residenzschloss und Grünes Gewölbe 12 13

Die Innere Neustadt S. 87

14 Kathedrale Ss. Trinitatis
16 Stallhof und Fürstenzug
6 Brühlsche Terrasse
2 Frauenkirche

21 22 Zwinger und Gemäldegalerie Alte Meister

Das Schlossensemble S. 59

Rund um den Neumarkt S. 50

Schloss und Park Pillnitz 52

Rund um den Großen Garten S. 81

Zwischen Altmarkt und Hauptbahnhof S. 76

Großer Garten und Palais 34

> **Vorwahl Dresden** 0351
> **Vorwahl Deutschland** 0049
> **Vorwahl Österreich** 0043
> **Vorwahl Schweiz** 0041

Für Sie entdeckt

Dresden präsentiert sich 25 Jahre nach der deutschen Wiedervereinigung vielerorts schmuck und aufgeräumt, Wandel und Veränderung prägen weiterhin die Stadt. Auf dem Neumarkt (s. S. 50) wird nach wie vor gebuddelt und gebaut und der laufende Umbau des Kulturpalastes (s. S. 77) soll 2017 abgeschlossen sein. Neu oder mitunter überraschend anders sind:

Neues Dresden-Panorama
2015 feiert das neue 360°-Panorama „Dresden 1945 – Tragik und Hoffnung einer europäischen Stadt" im Panometer Premiere. Dort ist seit 2006 das Panorama „Dresden – Mythos der barkocken Residenzstadt" zu sehen. Die Panoramen werden im Wechsel präsentiert (s. S. 105).

Gastronomietipp
Einen Dresdner Sauerbraten sucht man auf der Speisekarte des veganen Restaurants „Falscher Hase" vergeblich, vermisst ihn aber nicht wirklich – hat man erst einmal den Sojasteak-Burger probiert (s. S. 23).

Kulturelles Überraschungsei
Die Kunsthalle im Lipsiusbau steht ein wenig im Schatten der anderen Dresdner Museen. Zu Unrecht: Erwiesen sich doch die wechselnden Sonderausstellungen wie „Neue Sachlichkeit in Dresden" (2011) oder „William Forsythe" (2014/15) als ein wahrer Augenschmaus (s. S. 56).

Übernachten in der City
Nur einen Steinwurf vom Zwinger und dem Postplatz entfernt liegt das gut ausgestattete und bezahlbare Hotel Motel One (s. S. 127).

072dn Abb.: br

AUF INS VERGNÜGEN

Dresden an einem verlängerten Wochenende

Ein langes Wochenende in Dresden? Eine wunderbare Idee! An drei Tagen bekommt man mehr als einen ersten Eindruck von der Schönheit an der Elbe. Um wirklich alles kennenzulernen, wird die Zeit zwar ganz sicher nicht ausreichen, aber man kann ja schon die nächste Städtereise nach Dresden planen.

1. Tag: Spaziergang durch das Zentrum

Am besten erkundet man Dresden zu Fuß. Ein guter Ausgangspunkt ist der **Albertplatz** ㊹ mit seinen beeindruckenden Zwillingsbrunnen. Eine Bronzestatue des jungen **Erich Kästner** begrüßt auf der Mauer sitzend die neuen Besucher der Stadt. Über die **Hauptstraße** ㊷, einem beschaulichen Fußgängerboulevard, geht es am **Schillerdenkmal** (s. S. 93) vorbei Richtung Elbe. Ungefähr auf der Hälfte der Hauptstraße bietet sich die Gelegenheit, die barocke **Dreikönigskirche** ㊸ zu umrunden. Von der noblen **Königstraße** ㊺, die an die Rückseite der Kirche grenzt, kann man einen ersten Blick auf das fernöstlich anmutende **Japanische Palais** ㊻ erhaschen.

Wieder zurück auf der Hauptstraße, schlendert man nun im Schatten von Platanen gemütlich an den hell leuchtenden Barockfassaden des **Kügelgenhauses** (s. S. 33) und des **Societaetstheaters** (s. S. 31)

vorbei. Anschließend wird man sich dem Reiz eines kleinen Bummels durch die **Kunsthandwerkerpassagen** (s. S. 18) und die angrenzenden Innenhöfe nur schwer entziehen können.

Am Ende des Boulevards glänzt mitten auf dem Neustädter Markt der **Goldene Reiter** ㊶ in der Sonne. Dieser Statue Augusts des Starken, dem sächsischen Kurfürsten und König von Polen, erweist man mit einem kleinen Fotostopp die Ehre und begibt sich danach durch die Unterführung des Neustädter Marktes zum Kopf der **Augustusbrücke** ㊳, wo linker Hand der **Hofnarr Fröhlich** (s. S. 89) lacht. Die Brücke querend, gelangt man über eine kleine Treppe hinunter zum Elbufer. Hier trifft man auf eine stilisierte **rote Staffelei**, die als großer „Rahmen" dient und den Blick auf die Stadt zeigt, den der Maler **Canaletto** (s. S. 63) in einer seiner berühmten Veduten festgehalten hat.

Die wenigen Meter zurück zur Brücke sind schnell genommen und über sie läuft man nun praktisch mitten in das **Panorama Dresdens** hinein: Hofkirche ⑭, Residenzschloss ⑫, Georgentor ⑮ sind zu sehen, links davon der „Balkon Europas", die Brühlsche Terrasse ⑥, und dahinter die Dächer und Türme von Ständehaus ⑨, Sekundogenitur ⑧, Frauenkirche ②, Kunstakademie ⑦ und Albertinum ⑤.

Routenverlauf im Stadtplan
Der hier beschriebene Spaziergang ist mit einer farbigen Linie im Stadtplan eingezeichnet.

◁ *Vorseite: Die Münzgasse [D7] – ein Magnet für Nachtschwärmer*

▷ *Dresdens Altstadt im Spiegel der Elbe*

OOGdn Abb: br

Am anderen Elbufer angekommen, ziehen auf der rechten Seite der **Theaterplatz** und die **Semperoper**  die Blicke auf sich und vor dem Konzerthaus „reitet" König Johann. Die Statue ist ein gern genutzter Treffpunkt für Besucher und Dresdner. Das offene Osttor des **Zwingers** lädt zu einem kleinen Abstecher in den Zwingerhof ein – an den Springbrunnen lässt sich die Weitläufigkeit des Festplatzensembles genießen. Die den Platz umgebenden Gebäude beherbergen die **Gemäldegalerie Alte Meister**, die **Porzellansammlung** und den **Mathematisch-Physikalischen Salon** (s. S. 33). Wer mag, der nimmt die Gelegenheit wahr und erklimmt die Stufen hinauf zur Balustrade und hat von oben einen noch besseren Blick auf das Areal und das goldene Kronentor. Im Westteil des Zwingers ist das Nymphenbad zu entdecken.

Durch den Glockenspielpavillon verlässt man den Zwinger wieder und befindet sich jetzt auf der Sophien-straße vor dem **Taschenbergpalais**. Linker Hand befindet sich das **Residenzschloss** mit dem **Grünen Gewölbe** und zwischen Schloss und der **Kathedrale Ss. Trinitatis** hindurch erreicht man schließlich den **Schlossplatz**. Die große Freitreppe führt hinauf zur **Brühlschen Terrasse**. Man spart die Treppe aber vorerst aus und wählt stattdessen rechts davon die **Augustusstraße**. Völlig kostenlos lässt sich hier die große Open-Air-Ahnengalerie, der **Fürstenzug**, bestaunen. Auf über 100 Metern sind auf Porzellankacheln an der Wand die Konterfeis der sächsischen Regenten kunstvoll angebracht. In der sich anschließenden Töpferstraße lohnt sich das Schaufenstergucken am **Meissner Porzellan Shop** (s. S. 18).

Schon vom Fürstenzug aus ist im Hintergrund die „Steinerne Glocke" der **Frauenkirche** zu sehen, die sich in den Himmel erhebt. An der Ecke der Töpferstraße mit der Münzgasse steht man dann unmittelbar vor der prächtigen Sandsteinschönheit. Über die **Münzgasse** geht es nun nach links bis zum Treppenaufgang zur **Brühlschen Terrasse** ❻. Oben angekommen befindet man sich auf einem der wenigen erhaltenen Abschnitte der alten Wehranlage der Stadt. Direkt am Aufgang hat man die **Sieben-Bastionen-Plastik** vor sich. Sie erinnert an die ehemaligen sieben Bastionen der Dresdner **Stadtfestung** ❿, die nach der Sonne, dem Mond und fünf Planeten benannt waren. Nach links schweift der Blick über das **Ständehaus** ❾ und die **Sekundogenitur** ❽, nach rechts geht es weiter, vorbei an der **Kunstakademie** ❼, deren Kuppel aussieht wie die wahrscheinlich größte Zitronenpresse der Welt. In einer kleinen Gartenanlage im östlichen Teil der Brühlschen Terrasse, dem **Brühlschen Garten** (s. S. 55), entspannt man entweder auf einer ruhig gelegenen Bank mit Blick auf das **Königsufer** ㊴ auf der gegenüberliegenden Elbseite oder sucht den Daumenabdruck Augusts des Starken im Terrassengeländer (s. S. 56).

Nun kann man noch schnell einen Blick auf die aktuelle Ausstellungsankündigung am **Albertinum** ❺ werfen und nimmt danach die Treppe nach unten zum Georg-Treu-Platz.

Durch die Salzgasse geht es am sich rechter Hand befindenden **Coselpalais** ❸ wieder in Richtung Frauenkirche. Gemächlich überquert man den **Neumarkt** ❶ in Richtung **Kulturpalast** ㉙ und ist nun in der Galeriestraße. Die Wilsdruffer Straße querend, führt der Weg zum ältesten Platz Dresdens, dem **Altmarkt** ㉗, wo sich Cafés befinden und jede Menge Shoppingmöglichkeiten anbieten. Die linke Ecke des Altmarkts wird von der **Kreuzkirche** ㉘ markiert. An ihr vorbei kommt man von der Kreuzstraße

in die **Weiße Gasse** [D7] – das „Kneipenviertel der Altstadt".

In einem der dortigen **Restaurants** könnte man den Stadtspaziergang Revue passieren lassen. Wenn der erste Tag in Dresden stattdessen so zentral wie möglich ausklingen soll, dann quert man die Wilsdruffer Straße wieder und kehrt zum Neumarkt zurück. Um die Frauenkirche finden sich viele Möglichkeiten für ein gutes Essen vor spektakulärer Kulisse.

Wer noch nicht genug gesehen hat und noch ein kleines Highlight erleben möchte, dem empfiehlt sich eine kleine Exkursion zu den alten Stadtmauern Dresdens, in die unter der Brühlschen Terrasse gelegenen **Kasematten** ❿.

2. Tag: Kunst und Kultur

Der zweite Tag steht ganz klar im Zeichen von **Kunst und Kultur.** Bei der Auswahl der Museen hat man die Qual der Wahl, falsch machen kann man aber eigentlich nichts. Ein Start am **Zwinger** ㉑ liegt nahe, denn gleich vier große Museumsattraktionen locken hier zu einem Besuch: Naturwissenschaftlich Interessierte sollten sich den **Mathematisch-Physikalischen Salon** (s. S. 33) vormerken. Für alle, die das „weiße Gold Sachsens" bestaunen möchten, ist die **Porzellansammlung** ㉓ das richtige Ziel und die **Gemäldegalerie Alte Meister** ㉒ mit Werken von Raffael, Tizian, Botticelli und Tintoretto stellt ein absolutes Muss dar. Oder man entscheidet sich für die Ausstellungen des **Grünen Gewölbes** ⓭ im **Residenzschloss** ⓬ und nimmt den Aufstieg auf den **Hausmannsturm** gleich mit. Von seiner Aussichtsplattform bietet sich ein toller Rundumblick über die Stadt.

Wer es in Sachen Kunst ein wenig moderner mag, der ist im **Albertinum** ❺ und im **Lipsiusbau** ❼ an der richtigen Adresse. Hier werden Werke von der Romantik bis zur Gegenwart gezeigt.

Ein mögliches Kontrastprogramm zur Kunst liefert das **Deutsche Hygiene-Museum** ❸❼ am Großen Garten mit seiner faszinierenden Ausstellung rund um den menschlichen Körper – durch das integrierte interaktive Kindermuseum auch für Kinder interessant – oder aber man besucht das **Panometer** ❺❸ in der alten Gasanstalt der Stadt und lässt sich von einem 360°-Panorama faszinieren.

Nach einer Verschnaufpause taucht man ein in die quirlige Welt der **Äußeren Neustadt** (s. S. 96) zwischen **Bautzner Straße** und **Alaunpark** [F2/3]. In den unzähligen **Kneipen, Bars und Klubs** lässt sich der erlebnisreiche Tag wunderbar abrunden.

007dn Abb.: br

3. Tag: Ins Grüne

Am dritten Tag geht es ins Grüne bzw. in die nähere Umgebung Dresdens. Ganz entspannt kann man den Tag im **Großen Garten** ❸❹ verbringen, z. B. mit einem ausgedehnten Spaziergang durch die Parkanlage oder Fahrt mit der **Parkeisenbahn** ❸❺ oder einem Besuch des **Dresdner Zoos** ❸❻. Eine Ruderpartie auf dem **Carolasee** (s. S. 82) ist eine weitere idyllische Option.

🔼 *Ausblick vom Hausmannsturm auf Theaterplatz und Semperoper* ❶❾

Oder man wählt eine Fahrt mit dem **Schaufelraddampfer** (s. S. 129) und schippert vorbei an den **Elbschlössern** ❹❾ bis zum **Blauen Wunder** ❺❶. Von hier nimmt man dann die **Schwebe-** oder die **Standseilbahn** ❺❶ in die Loschwitzer Höhen und genießt eine fantastische Weitsicht auf Dresden und das Umland.

Wer am Blauen Wunder noch nicht den Dampfer verlassen möchte, der bleibt einfach an Bord und fährt bis **Pillnitz** ❺❷ weiter. Im **Wasserschloss** mit seinem weitläufigen Park kann man gemütlich den ganzen restlichen Tag verbringen.

Wer sich noch ein wenig weiter in die Umgebung Dresdens hinauswagen möchte, dem sei ein Besuch von **Schloss Moritzburg** ❺❺ oder ein Ausflug zur **Bastei** ❺❻ in die **Sächsische Schweiz** empfohlen.

Das gibt es nur in Dresden

› *Die größte Porzellansammlung der Welt:* Augusts des Starken „maladie de porcelaine" (Porzellankrankheit) ließ eine gigantische Sammlung von Porzellanobjekten entstehen. Von einst 35.000 Exponaten sind heute noch etwa 20.000 erhalten und im Zwinger in der **Porzellansammlung** ㉓ zu bestaunen.

› *Das Militärhistorische Museum der Bundeswehr* 54 *:* Deutschlands größtes militärhistorisches Museum zeigt die deutsche Militärgeschichte von den Anfängen bis zur Gegenwart und beeindruckt mit spektakulärer Architektur von Daniel Libeskind.

› *Der älteste Weihnachtsmarkt Deutschlands:* Der Striezelmarkt fand erstmals 1434 statt und ist bis heute ein internationaler Publikumsmagnet (s. S. 14).

› *Original Dresdner Stollen:* Das Markensiegel mit dem Goldenen Reiter garantiert dem Käufer, dass er einen echten, in Dresden oder in der näheren Umgebung hergestellten Stollen bekommt.

› *Das Internationale Dixieland Festival:* Das größte Oldtime-Jazz-Festival Europas lässt jedes Jahr im Mai in ganz Dresden das „Dixiefieber" ausbrechen. Auf den Straßen wird geswingt, gesungen und ausgelassen gefeiert (s. S. 13).

Zur richtigen Zeit am richtigen Ort

In Dresden gibt es das ganze Jahr über Gelegenheiten, zur richtigen Zeit am richtigen Ort zu sein. Ob im Sommer mit Sonnencreme oder im Winter mit Pudelmütze und Glühwein, lässig oder festlich gekleidet, hier findet jeder das passende Ereignis.

Im Frühling

› **Dresdner Kulinaria & Vinum:** Drei Tage im März gehören der Erlebnis- und Verkaufsmesse rund um kulinarische Spezialitäten und köstliche Weine – für Gourmets und solche, die es werden wollen (www.dresdner-kulinaria.de).

› **Operettenball der Staatsoperette Dresden:** Jedes Jahr im März schwingen Walzer- und Operettenfreunde im Taschenbergpalais das Tanzbein (www.staatsoperette-dresden.de).

› **Dresdner Nachtskaten:** Von April bis September verwandelt sich die Stadt freitags um 21 Uhr für ca. zwei Stunden in ein Paradies für Skater, die dann auf verschiedenen Strecken leichtfüßig durch die Stadt rollen – für Anfänger und für Profis geeignet (www.nachtskaten dresden.de).

› **Filmfest Dresden (Internationales Kurzfilmfestival):** Mitte April werden bei diesem sechstägigen Festival mit nationalem und internationalem Wettbewerb die besten Kurzfilme aus aller Welt prämiert (www.filmfest-dresden.de).

› **Dampferparade der Sächsischen Dampfschifffahrt:** Der erste Tag im Mai wird mit ordentlich Dampf und Livemusik begrüßt. Die Parade der neun historischen Dampfer der „Weißen Flotte" von Dresden nach Pillnitz und retour, ist für die Passagiere wie für die Schaulustigen am Elbufer gleichermaßen ein einzigartiges Erlebnis (www.saechsische-dampfschiffahrt.de).

> **Oberelbemarathon:** Reizvoller Landschaftslauf im Mai entlang des Elberadweges von Königstein im Elbsandsteingebirge nach Dresden (www.oberelbe-marathon.de).

> **Internationales Dixieland Festival:** In der zweiten Maiwoche ist Dresden stets im Dixiefieber – Europas größtes Jazzfestival lockt jedes Jahr aufs Neue mehrere Hunderttausend Besucher in die Stadt (www.dixielandfestival-dresden.com).

> **Dresdner Musikfestspiele:** An 17 Tagen zwischen Mai und Juni werden an verschiedenen Orten in der Stadt Opern, Ballette und Konzerte aufgeführt (www.musikfestspiele.com).

Im Sommer

> **Karl-May-Festtage in Radebeul:** Im Juni widmet die Große Kreisstadt Radebeul dem Schriftsteller und seinen Helden Winnetou, Old Shatterhand und Co. dieses Fest. Mit oder ohne Federschmuck und Cowboyhut – die Festtage sind auf jeden Fall für die ganze Familie geeignet (www.karl-may-fest.de).

> **Bunte Republik Neustadt (BRN):** Quirliges und bunt gemixtes Stadtteilfest der Äußeren Neustadt im Juni (www.brn-dresden.de).

> **Campusparty Dresden:** Deutschlands größte Studentenparty wird traditionell im Juni auf dem Campus der Technischen Universität Dresden gefeiert (www.campusparty.de).

> **Fête de la Musique:** Ein Hauch von Paris weht durch die Stadt – verschiedene Künstler musizieren auf den Straßen von Dresden für ihr Publikum.

> **Filmnächte am Elbufer:** Open-Air-Filmgenuss oder -Konzerterlebnis mit nationalen und internationalen Künstlern am Elbufer – immer von Juni bis August. Man kann sich kaum entscheiden, wohin das Auge schauen soll, auf die Kinoleinwand bzw. Konzertbühne oder auf die wunderbare Kulisse der Dresdner Altstadt im Hintergrund (http://dresden.filmnaechte.de).

> **Elbhangfest:** Am letzten Juniwochenende wird entlang des Elbhangs zwischen Loschwitz und Pillnitz mit mehr als 200 verschiedenen Veranstaltungen das Elbhangfest zelebriert (www.elbhangfest.de).

> **Dresdner Schlössernacht:** Wundervolle Illuminationen, verschiedene kulturelle Veranstaltungen und ein großes Feuerwerk lassen in dieser Nacht im Juni einen Besuch von Schloss Albrechtsberg, dem Lingnerschloss und Schloss Eckberg  zu einem besonderen Erlebnis werden (www.dresdner-schloessernacht.de).

> **Museums-Sommernacht:** Mitte Juli kann man an einem Tag bis nach Mitternacht durch ausgewählte Museen der Stadt streifen – ein Highlight nicht nur für Nachtschwärmer (www.dresden.de/museumsnacht).

> **Pillnitzer Schlossnacht:** Ein zauberhafter und romantischer Augustabend im Schlosspark Pillnitz mit illuminiertem Schloss und lebendigem Barockambiente (www.pillnitzer-schlossnacht.de).

> **Dresdner Stadtfest:** In der zweiten Augusthälfte wird die Stadt zum Festgelände – von der Hauptstraße bis zum Altmarkt geht es hoch her. Höhepunkte sind

EXTRAINFO

Termine
Aktuelle Termine und Informationen zu Veranstaltungen in Dresden gibt es z. B. online unter:
> www.dresden.de (Menü: Tourismus/Veranstaltungen)
> www.dresden-veranstaltungen.de
> www.dresdner.nu/timer
> www.augusto-online.de

u. a. das Fackelschwimmen in der Elbe, der Dresdner Entencup (Quietscheenten-wettrennen für einen guten Zweck) und das Abschlusshöhenfeuerwerk am Elb-ufer (www.dresdner-stadtfest.com).

❯ **Tag des offenen Weingutes:** Am letzten Wochenende im August laden die Winzer entlang der Sächsischen Weinstraße zu einem Besuch auf ihre Weingüter ein (www.saechsische-weinstrasse.net).

❯ **Tag des offenen Denkmals:** Am zweiten Sonntag im September werden zum bundesweiten Tag des offenen Denkmals auch in Dresden die Türen historischer Bauten für interessierte Besucher geöffnet (www.tag-des-offenen-denkmals.de).

❯ **Dresden Marathon:** Der Citylauf der besonderen Art – auf 42,195 km geht es vorbei an den schönsten Sehenswürdigkeiten der Stadt – findet immer am vorletzten Wochenende im Oktober statt (www.dresden-marathon.de).

Im Winter

❯ **Jazztage Dresden:** Internationales Jazzfestival im November mit Konzerten exzellenter Jazzkünstler und einem stets begeisterten Publikum (www.jazztage-dresden.de).

❯ **SemperOpernball:** Rauschende Gewänder und kraftvoll-beeindruckende Stimmen – der Dresdner SemperOpernball ist mittlerweile einer der bedeutendsten Bälle Deutschlands. Er wird im Januar mit rund 2000 Gästen in der Semperoper und mit Tausenden von Besuchern auf dem Theaterplatz gefeiert (www.semperopernball.de).

Weihnachtsstimmung liegt in der Luft – in Dresden gibt es von November bis Dezember gleich mehrere schöne **Weihnachtsmärkte** – besonders zu empfehlen sind:

❯ **Dresdner Striezelmarkt:** Dresdens weltweit bekannter Weihnachtsmarkt mit fast 600-jähriger Tradition findet auf dem Altmarkt statt – mit erzgebirgischer Schnitzkunst, leckerem Dresdner Stollen und heißem Glühwein (www.striezelmarkt.de).

❯ **Advent auf dem Neumarkt:** Historischer Weihnachtsmarkt zu Füßen der Frauenkirche. Das Motto ist Programm – „Weihnachten wie um 1900" (www.weihnachtsmarkt-dresden-neumarkt.de).

❯ **Mittelalter-Weihnachtsmarkt:** Im Stallhof des Dresdner Residenzschlosses wird in mittelalterlicher Manier die Adventszeit begangen (www.mittelalter-weihnacht.de).

◁ *Der Striezelmarkt lockt Gäste aus aller Welt*

▷ *Müde Citybummler steigen einfach in die Straßenbahn (s. S. 128)*

Dresden für Citybummler

Mehr als eine halbe Million Menschen leben in Dresden und dennoch ist die Stadt sympathisch überschaubar. Die Hauptattraktionen im Altstadt- und Neustadtkern sind wunderbar zu Fuß zu erreichen und wenn sich größere Wege auftun, um etwa in die Villenviertel von Blasewitz und Loschwitz zu kommen, dann nimmt man einfach die Straßenbahn. Nach Pillnitz hinaus – unter dem Blauen Wunder hindurch – fährt man z. B. mit dem Dampfer, der sich ganz müßiggängerisch mittels Schaufelradkraft fortbewegt.

Auch ohne Stadtplan findet man sich in Dresden schnell zurecht. Sehenswürdigkeiten muss man nicht lange suchen, sie fallen mit ihrem markanten Auftritt sofort ins Auge.

Dresden lässt sich für Besucher ganz grob in zwei Bereiche gliedern: **links der Elbe (Altstadt)** und **rechts der Elbe (Neustadt)**. Auf Altstädter Seite, zwischen Elbe und Hauptbahnhof, verschmelzen 800-jährige Geschichte, Kunst, Kultur und alltägliches Leben miteinander. Hier sind z. B. die Frauenkirche **❷**, der Fürstenzug **⑯**, der Zwinger **㉑**, das Rathaus **㉚**, die Altmarkt-Galerie (s. S. 17) und die Prager Straße **㉜** zu finden. Auf der gegenüberliegenden Elbuferseite treffen mondäner Barock der Inneren (s. S. 87) und Szeneleben der Äußeren Neustadt (s. S. 96) aufeinander.

Wer sich ganz puristisch und mitten unter den Dresdnern zum normalen Tickettarif der Dresdner Verkehrsbetriebe einen Überblick über die Stadt verschaffen will, dem sei die Fahrt mit der sogenannten „**Kultourlinie**", der **Straßenbahnlinie 4**, empfohlen. Die Linie 4 verkehrt zwischen Laubegast

und Weinböhla und fährt mitten durch das barocke Dresden – Stationen sind z. B. Palaisplatz, Neustädter Markt, Theaterplatz, Postplatz, Altmarkt und Pirnaischer Platz. Man kommt u. a. am Japanischen Palais **㊻** und dem Goldenen Reiter **㊶** vorbei, fährt über die Augustusbrücke **㊳** und an Hofkirche **⑭**, Residenzschloss **⑫**, Semperoper **⑲**, Zwinger **㉑**, Kreuzkirche **㉘** und Kulturpalast **㉙** entlang.

Alternativ zur „Kultourline" können Shoppingbegeisterte übrigens die **Straßenbahnlinie 9**, die sogenannte „**Einkaufslinie**", nehmen – sie hält an allen wichtigen Shoppingzentren Dresdens: der Altmarkt-Galerie (s. S. 17), der Prager Straße **㉜** und der Hauptstraße **㊷**.

❯ **Weitere Infos** zu den „Themenlinien" der Straßenbahn: www.dvb.de/de/ Freizeit-Tourismus/Themenlinien

Dresden für Kauflustige

Shoppingfans können in Dresden ganz nach Mainstream-Manier in großen Einkaufszentren oder auch – deutlich individueller – in kleineren Läden ihrer Leidenschaft frönen. Ob einschlägig bekannte Ketten oder szenig-bunte Shops, ob mit kleinem Geldbeutel oder ganz exklusiv in der gehobenen Preisklasse – für jeden ist etwas dabei. Als größte Stadt in Ostsachsen ist Dresden auch für die Bewohner des Umlandes die erste Shoppingadresse, daher können die Geschäfte rund um Feiertage sehr überlaufen sein.

Das Zentrum Dresdens kann grob in **fünf konzentrierte Shoppingareale** eingeteilt werden: den Altmarkt, die Prager Straße bis hin zum Hauptbahnhof ㉝, den Neumarkt rund um die Frauenkirche ❷, die Innere Neustadt zwischen Hauptstraße und Königstraße, und die Äußere Neustadt zwischen Bautzner Straße [E–G4] und Bischofsweg [F/G3].

Rund um den **Altmarkt** ㉗ gibt es die ganze Bandbreite an Geschäften vom großen Sportgeschäft bis zur Fastfoodkette und dazu ein großes Einkaufszentrum, die Altmarkt-Galerie. Die **Prager Straße** ㉜ ist die größte Einkaufsmeile in Dresden. Aus ursprünglich sprödem DDR-Plattenbau hat sich eine moderne und weitläufige Einkaufsmeile entwickelt, die sich vom Dr.-Külz-Ring bis hin zum Hauptbahnhof erstreckt. Neben vielen verschiedenen größeren Ketten wie Globetrotter, Wöhrl, Karstadt gibt es zwei große Einkaufscenter, die Centrum-Galerie und das Kugelhaus am Wiener Platz.

Das **QF Quartier an der Frauenkirche** ist mit seiner exponierten Lage vis-à-vis der Frauenkirche eine exklusive Shoppingadresse in Dresden. In den unteren Etagen des Quartier I am **Neumarkt** ❶ laden kleine Läden mit Kunst, Mode, Uhren aus Glashütte oder Meissner Porzellan sowie Restaurants und Cafés zum Bummeln und Genießen ein.

Das sogenannte **Barockviertel** (www.barockviertel.de) in der **Inneren Neustadt** umfasst das Areal zwischen Königstraße und Hauptstraße ㊷ von der Großen Meißner Straße [D5] bis hin zum Albertplatz ㊹ und schließt die Rähnitzgasse, die Prisco-Passage und die historische **Neustädter Markthalle** (s. S. 19) ein. Viele der barocken Bürgerhäuser sind saniert worden und präsentieren sich wieder in frischen, bunten Farben und mit stilvollem Fassadenschmuck.

Die **Königstraße** ㊺ gilt in Dresden als eine der vornehmsten Shoppingadressen. Hier und an den von ihr abzweigenden Straßen finden sich Antiquariate, Boutiquen, Kunstläden, zahlreiche Geschäfte, Cafés und Restaurants. Die autofreie **Hauptstraße** mit ihrem von Platanen gesäumten Mittelgang ist nicht nur wegen dem Goldenen Reiter ㊶, dem Reiterstandbild Augusts des Starken an ihrer Südspitze, eine gern frequentierte Flaniermeile. Die Straße bie-

---

Shoppingareale

Die wichtigsten Shoppingbereiche der Stadt sind im Kartenmaterial mit einer rötlichen Fläche markiert.

▷ *Das „Weiße Gold" aus Meißen gibt es in allen erdenklichen Variationen*

tet neben kleinen Läden der **Kunsthandwerkerpassagen** auch Filialen von großen Buch-, Bekleidungs- und Wohnaccessoireketten.

Wer auf der Suche nach **individuellen oder ausgefallenen** Einkaufsideen ist, der wird ganz sicher in der **Dresdner Neustadt** (Äußeren Neustadt) im Umkreis von Alaun- und Louisenstraße [F3] fündig. In konzentrierter Form ist das bunte Neustadt-Shoppingflair in der **Kunsthofpassage** 🗝 zu finden: Kunst, flippige Mode, Blumen und vieles andere mehr.

Einkaufszentren

🛍**1** [C7] **Altmarkt-Galerie,** Webergasse 1, www.altmarkt-galerie-dresden.de, Mo.–Sa. 10–21 Uhr

🛍**2** [C8] **Centrum-Galerie,** Prager Str. 15, www.centrumgalerie.de, Mo.–Sa. 9.30–20 Uhr

🛍**3** [C9] **Kugelhaus am Wiener Platz** (Hauptbahnhof), Wiener Platz 10, www.kugelhaus-dresden.com, Mo.–Sa. 10–20 Uhr

🛍**4** [D5] **Prisco-Passage,** Wallgäßchen 4/5, www.barockviertel.de

🛍**5** [D7] **QF Quartier an der Frauenkirche,** Töpferstraße 6, www.qf-dresden.de, Mo.–Sa. 10–19 Uhr

Märkte und Flohmärkte

🛍**6** [D5] **Dresdner Bauernmarkt,** Königstraße, Sa. 9–13 Uhr. Biobauernmarkt mit regionalen Produkten aus ökologischer Herstellung.

🛍**7** [F6] **Elbeflohmarkt,** ganzjährig Sa. 8–14 Uhr. Der große, waschechte Trödelmarkt direkt an der Elbe am Käthe-Kollwitz-Ufer neben der Albertbrücke mit umfangreichem Angebot von Antiquitäten und Kitsch bis hin zu nützlichem Krimskrams oder Kuriositäten zieht Touristen und Dresdner gleichermaßen an.

🛍**8** [E8] **Sachsenmarkt Lingnerallee,** Lingnerallee, Fr. 8–17 Uhr. Dresdens größter Wochenmarkt ganz in der Nähe des Hygiene-Museums hat den Fokus auf regionalen Produkten.

🛍**9** [G2] **Wochenmarkt Alaunplatz,** Alaunplatz, Do. 9–17, Sa. 8–12 Uhr. Privater Wochenmarkt am Nordzipfel der Äußeren Neustadt.

🛍**10** [io] **Wochenmarkt Schillerplatz,** Di./Do. 9–18, Sa. 8–12 Uhr. Kommunaler Wochenmarkt mit frischen Produkten direkt am Fuß des Blauen Wunders.

Schönes und Originelles

🛍**11** [E4] **art + form,** Bautzner Straße 11, Tel. 8031322, www.artundform.de. Hier gibt es Kunst und lauter schöne Dinge für sich selbst und andere: kreative Souvenirs, Geschenke oder Mitbringsel.

🛍**12** [D7] **BM Kunst zum Leben,** An der Frauenkirche 18, Tel. 5018888, www.weihnachtsland-dresden.com. Auf der Suche nach echter erzgebirgischer Volkskunst in Form von Nussknackern, Pyramiden, Räuchermännchen und Co. ist man hier an der richtigen Adresse.

010dn Abb.: br

🔒 **13** [D7] **Frauenkirchen-Shop (Dresden Souvenirs),** An der Frauenkirche 19, Tel. 43811122, www.dresden-onlineshop. de/souvenirshops-in-dresden. Ob als Dresden-Souvenir oder Geschenk für die Daheimgebliebenen: Neben dem Klassiker, der Frauenkirchenuhr mit original Sandsteinbröckchen, gibt es hier jede Menge weiterer Dinge rund um die Silhouette der Frauenkirche.

🔒 **14** [D5] **Holzkunst Richter-Kunststube,** Am Goldenen Reiter, Hauptstraße 17, Tel. 2882480, www.erzgebirge.com/ holzkunstrichter2. Mo.–Fr. 10–19, Sa. 10–16 Uhr. Vom Nussknacker bis zum Räuchermännchen: Original erzgebirgische Volkskunst von namhaften Herstellern – in unmittelbarer Nähe zum Goldenen Reiter.

🔒 **15** [D5] **Kunsthandwerkerpassagen,** Hauptstr. 9–19, www.barockviertel.de (→ Adressen → Shoppen). In den Kunst-handwerkerpassagen im Barockviertel der Inneren Neustadt finden sich zahlreiche kleine Läden, die verschiedenste Kunsthandwerkserzeugnisse anbieten und sich in Schauwerkstätten oft sogar über die Schulter blicken lassen.

🔒 **16** [D7] **Meissner Porzellan Shop,** Töpferstraße 2 (im QF), www.meissen.com. Weitere Filialen: An der Frauenkirche 5 (im Hotel Hilton Dresden), Prager Straße 12 (im Karstadt). Stilvoll-filigranes aus der Manufaktur Meissen – nur echt mit dem typischen Markenzeichen der gekreuzten Schwerter.

🔒 **17** [G3] **Perlenladen Perlaffaire,** Prießnitzstr. 60, Tel. 4269444, www. perlaffaire.de. Hier werden nicht nur Elstern glücklich: Perlen in allen möglichen Farben und Formen, Edelsteine und alles, was man sonst so braucht, um Schmuck – auch direkt vor Ort – selbst herzustellen.

🖾 *Authentische Mitbringsel aus Sachsen: erzgebirgische Schnitzkunst*

🖾 *Die Pfunds Molkerei* **48** *: mehr als ein Käseladen – fast schon Kunst*

Kulinarisches

🛍18 [C7] **Café Kreutzkamm,** Altmarkt 25, Tel. 4954172, www.kreutzkamm.de. Konditorei-Café mit Tradition (1825 gegründet) – Torten, Baumkuchen und Gebäck zum Genießen vor Ort oder zum Mitnehmen.

🛍19 [io] **Kleinerts Spezialitäten,** Friedrich-Wieck-Straße 45b, Tel. 2633695, http://kleinerts-spezialitaeten.de. Sehr charmant gestaltetes Spezialitätengeschäft – mit kleinem, gemütlichem Café und Chocolaterie – mitten in Loschwitz, nur einen Katzensprung vom Blauen Wunder entfernt.

🛍20 [E5] **Neustädter Markthalle,** Metzer Straße 1, www.markthalle-dresden.de, Mo.–Sa. 8–20 Uhr, WLAN. Auch wer gerade keinen Bedarf an Lebensmitteln hat, sollte der Markthalle einen (Kultur-)Besuch abstatten und das wunderbare Gründerzeitambiente des lichtdurchfluteten Sandsteingebäudes mit kunstvoll gestalteten Eisentreppen genießen.

🔴48 [G4] **Pfunds Molkerei.** Im „schönsten Milchladen der Welt" stehen Milchprodukte aller Art appetitlich präsentiert zum Verkauf.

❯ **Quendteria,** Altmarkt-Galerie (s. S. 17), Tel. 20615472, www.dr-quendt.de. Verkauf durch den Hersteller: In der Quendteria können die Dresdner Backspezialitäten wie Russisch Brot und Co. probiert und gekauft werden.

🛍21 [F4] **zaffaran – Gewürzatelier & Café,** Martin-Luther-Straße 20, Tel. 89964040, www.zaffaran.de, Di.–Fr. 11–18, Sa. 10–14 Uhr. Gewürze mit allen Sinnen erleben! Im geschmackvoll eingerichteten Laden ist probieren, riechen und schmecken ausdrücklich erwünscht – fachkundige Beratung gibt es durch die beiden Ladeninhaberinnen.

Sächsischer Wein

Es dürfte sich mittlerweile nicht nur unter Kennern herumgesprochen haben: In Sachsen gibt es ausgesprochen **feine und erlesene Weine** und die reifen in unmittelbarer Nähe von Dresden – im kleinsten Anbaugebiet Deutschlands. Auf über 400 Hektar gedeihen entlang der Elbhänge 48 verschiedene Rebsorten, etwa Scheurebe, Müller-Thurgau oder Silvaner. Bedingt durch Lage und Klima und nicht zuletzt durch die mühevolle Arbeit der Winzer entstehen hier hervorragende Weine **in Spitzenqualität.**

Die goldgelben oder samtroten flüssigen Kostbarkeiten von Schloss Wackerbarth, Hoflössnitz, Schloss Proschwitz, dem Weingut Jan Ulrich oder dem Weingut Joachim Lehmann (Diesbar-Seusslitz) sind vor Ort verkostet ein Genuss, geben aber auch ein hervorragendes **Souvenir oder Mitbringsel** ab.

Empfehlenswerte Probier- und Kaufadressen in Dresden sind:

🛍22 [E4] **edelrausch,** Bautzner Straße 2 (am Albertplatz), Tel. 81033711, www.edelrausch.de. Vinothek und Fromagerie – Weine und Spirituosen aus Sachsen und dem Rest der Welt.

🛍23 [D7] **Sächsische Vinothek an der Frauenkirche,** Salzgasse 2/An der Frauenkirche 13, Tel. 4845200, www.saechsische-vinothek.de. Erlesene Weinspezialitäten aus dem sächsischen Weinanbaugebiet rund um Dresden.

🛍24 [hn] **Weingalerie Dr. Müller,** Kavaliershaus Schloß Albrechtsberg, Bautzner Str. 130, Tel. 2517819, www.winzer-mueller.de. Verkauf und Weinproben im historischen Weinkeller des Kavaliershauses mit exponierter Elbhanglage inmitten des großen Parks von Schloss Albrechtsberg. Termine auf der Website.

Bücher und Musik

🔴**25** [F4] **Der Reisebuchladen,** Louisenstr. 38, Tel. 8996560, www.der-reisebuch laden.de. *Der* Buchladen zum Thema Reise mit Kartenmaterial, Reiseführern etc.

🔴**26** [D7] **Dresden Buch,** Neumarkt 1, Tel. 4164171, www.ddbuch.de. Die kleine, aber feine Buchhandlung im Untergeschoss des QF (Quartier an der Frauenkirche) ist der Spezialist für Dresden-Literatur mit einem umfangreichen aktuellen Sortiment sowie einer kleinen Auswahl antiquarischer Schätze – gern mit sachkundiger Beratung durch den Inhaber Dr. Thorsten Tonndorf.

🔴**27** [C8] **Haus des Buches – Thalia-Buchhandlung,** Dr.-Külz-Ring 12, Tel. 497360. Dresdens größter Buchladen bietet vier Etagen – die Bandbreite des Sortiments ist umfangreich, von Trivialliteratur bis hin zum Fachbuch, vom Hörbuch bis hin zur DVD.

🔴**28** [F3] **Richters Buchhandlung,** Förstereistr. 44, Tel. 8014724, http://richtersbuchhandlung.de. Kann man jemandem widerstehen, der mit „Lesen macht schön" wirbt? Kleine, feine Buchhandlung in der Dresdner Neustadt.

🔴**29** [E3] **Zentralohrgan,** Louisenstr. 22, www.zentralohrgan.de, Tel. 8010075. Gemütlicher und gut bestückter Secondhandplattenladen für jeden Musikgeschmack mit mittlerweile 20-jähriger Tradition.

Mode

In den Einkaufszentren und entlang des Altmarkts **27** und der Prager Straße **32** gibt es viele Ableger der großen einschlägig bekannten Modeketten. Kleine, individuelle Labels sind überwiegend in der Neustadt zu finden.

🔴**30** [D5] **23 clothing for men and women,** Königstraße 4/Obergraben 21, Tel.

4045369, www.23clothing.de. Modern und funktional gestalteter Laden, der anspruchsvolle Outfits für Männer und Frauen im Programm hat.

🔴**31** [F4] **Louisenkombinaht,** Louisenstraße 72, www.louisenkombinaht.de, Tel. 40769993. Das Louisenkombinaht ist Plattform für mittlerweile über 30 Modedesigner. Die re-designten Secondhandkleidungsstücke sind echte Unikate und stecken voller Kreativität. Neben dem Laden gibt es übrigens auch noch den TU DU!-Treffpunkt für kreative Handarbeit.

🔴**32** [F3] **Mrs. Hippie – Dresden,** Görlitzer Str. 25, Tel. 8013258, www.mrshippie-dresden.de. Nicht nur für Liebhaber der 1970er-Jahre: Hier gibt es hippe und schicke Klamotten ohne Rücksicht auf gerade angesagte Modetrends.

🔴**33** [F4] **Tranquillo,** Louisenstr. 45, Tel. 8115289, www.tranquillo-shop.de,

EXTRATIPP

Shop 'n' Stop

Für eine Verschnaufpause während oder nach der Shoppingtour bieten sich in der Altstadt wie in der Neustadt viele kleine Cafés oder Bistros an. Im Café Novelle im 3. Obergeschoss im **Haus des Buches** (s. S. 20) lässt es sich gut zur Ruhe kommen und man kann sich umgeben von Büchern mit Kuchen oder kleinen Snacks stärken. Hoch über der Prager Straße im **Borowski** (s. S. 22) sitzend, kann man bei raffinierten kleinen oder großen Speisen das Treiben unter sich beobachten.

Der Besuch in der **Pfunds Molkerei** **48** kann z. B. gleich im Laden mit einem Glas frisch gezapfter Buttermilch abgerundet werden oder mit einer kleinen Stärkung im Restaurant eine Etage höher.

eine weitere Filiale befindet sich in der Rothenburger Str. 43 [F4] (Tel. 3205633). Hier macht allein schon nur das Schauen Spaß: Neben Mode haben die beiden Filialen auch viele schöne (Wohn-)Accessoires, Geschenke und allerlei Krimskrams im Angebot.

Antiquariat und Antiquitäten

🛑34 [D7] **Dresdner-Antiquariat,** Wilsdruffer Str. 16, Tel. 4904583, www.zentral antiquariat.de/filialen.html. Mo.–Fr. 10–19, Sa. 10–18 Uhr. Deutschlands größtes Ladenantiquariat auf mehreren Etagen – direkt in Reichweite der Frauenkirche.

🛑35 [D5] **Kunst und Antiquitäten Noack,** Königstraße 5, www.antiquitaeten-noack.de, Tel. 8106644. Do./Fr. 15–19, Sa. 10–14 Uhr und nach tel. Vereinbarung. „Laden" wäre hier glatt untertrieben – in der sich über mehrere Räume erstreckenden „Antiquitätenpassage" gibt es Möbelstücke aus den verschiedensten Epochen von Barock bis Jugendstil, kostbares Meissner Porzellan, Stand- und Wanduhren sowie (Kunst-)Gemälde.

Dresden für Genießer

Essen und Trinken

Auch in kulinarischen Dingen schafft Dresden das Gleichgewicht zwischen Traditionellem und Trendig-Zeitgemäßem. Viele der Restaurants und Cafés haben neben modernen, internationalen Gerichten auch mindestens ein typisch sächsisches auf der Karte.

Die **sächsische Küche** ist bodenständig, mitunter sehr deftig und alles andere als kalorienarm – eben ehrliche, gut schmeckende **Hausmannskost.** Typisch sächsisch bzw.

dresdnerisch sind Sächsische Kartoffelsuppe mit Würstchen (gewürzt mit Majoran), Dresdner Sauerbraten (in Buttermilch eingelegtes Fleisch vom Rind mit Lebkuchensoße) und Sächsischer Kartoffelsalat (mit Apfel, grünen und sauren Gurken sowie Fleischsalat).

Und dann gibt es natürlich noch die **süßen Klassiker** wie Quarkkäulchen und die Dresdner Eierschecke. Die etwa handtellergroßen, flachen **Quarkkäulchen** (fladenartige Klößchen) aus gekochten Kartoffeln, Quark, Mehl, Eiern und Rosinen werden in der Pfanne goldgelb gebraten. Außen schön knusprig und innen saftig werden sie mit Zucker und Zimt bestreut und mit Apfelmus gereicht. Einst eher ein Armeleuteessen sind sie heute salonfein und auch von Gourmets sehr geschätzt.

Ein Stück **Dresdner Eierschecke** zeigt frisch angeschnitten die Harmonie dreier Schichten. Die oberste Schicht, die Schecke, besteht aus steif geschlagenem Eiweiß, unter das Zucker, Eigelb und Vanillepudding gemischt werden. Die zweite Schicht besteht hauptsächlich aus Quark, vermischt mit Ei, Zucker, Milch und Butter. Der Boden der Eierschecke ist ein klassischer Hefe- oder Backpulverteig. Üblicherweise gibt es die Eierschecke als Blechkuchen, sie wird in rechteckige Stücke zerteilt. Vollkommen wird der Genuss des sächsischen Klassikers mit einem „Schälchen Heeßen", einer Tasse Kaffee.

Preiskategorien Lokale

€	Hauptgerichte bis 12 €
€€	Hauptgerichte 12–18 €
€€€	Hauptgerichte ab 18 €

Empfehlenswerte Lokale

Restaurants

36 [D7] **Augustiner an der Frauenkirche** €-€€, An der Frauenkirche 16/17, Tel. 49776650, www.augustiner-dresden.de, tägl. 10–24 Uhr. Bayrische Gemütlichkeit und original Münchner Bier vom Fass inmitten von Dresden machen das Augustiner zu einem gern besuchten Lokal. In den warmen Monaten sitzt man auf dem Neumarkt und hat die Frauenkirche direkt vor Augen. Bayrische Gerichte dominieren ganz klar die Karte, man findet aber auch österreichische und sächsische Spezialitäten.

37 [C8] **Borowski** €-€€, Prager Straße 8a, Tel. 4906411, www.restaurant-dresden. de, So.–Do. 9–24, Fr./Sa. 9–1 Uhr. Beliebtes Restaurant auf der Shoppingmeile von Dresden. Mit Sonnenterrasse und Blick auf das wuselige Auf und Ab der Prager Straße.

38 [gn] **Brauhaus am Waldschlösschen** €-€€, Am Brauhaus 8b, www.wald schloesschen.de, Tel. 6523900. Typisches rustikales Brauhausambiente mit Hax'n und Livemusik. Klassiker: knusprig gebratene Schweinshaxe auf Dunkelbiersoße oder ofenwarme Brezel kombiniert mit einem hauseigenen Bier – z. B. einem süffigen Waldschlösschen Dunkel oder dem hellen Waldschlösschen Original. Im Sommer mit großem Biergarten unter freiem Himmel.

39 [B6] **brennNessel** €-€€, Schützengasse 18, Tel. 4943319, www.brenn nessel-dresden.de, tägl. 11–24 Uhr. In der brennNessel in der Wilsdruffer Vorstadt „brennt" man für frisch zubereitete vegetarische und vegane Gerichte.

40 [D5] **Die Pastamanufaktur** €-€€, An der Dreikönigskirche 3, Tel. 3237799, http://diepastamanufaktur.de, tägl. 10–22 Uhr. Dem appetitlichen Duft, der sich schon auf der Straße in die Nase schleicht, kann man nur schwer widerstehen. Im stylisch-modernen Restaurant wird dann der Traum eines jeden Pastaliebhabers wahr: frisch zubereitete Pastavariationen in wöchentlich wechselnden Gerichten. Die hausgemachte Pasta wird auch zum Verkauf angeboten.

41 [D7] **Dresden 1900** €-€€, An der Frauenkirche 20, Tel. 48205858, www.dresden1900.de, Mo.–Sa. 8–1, So. 9–24 Uhr. Dresden 1900 ist ein Museumsgastronomie-Erlebnis: Der Gast bekommt neben traditioneller sächsischer und moderner Küche auch Einblicke in die Dresdner Verkehrsgeschichte – in der Mitte des Restaurants, auf dem Postplatz um 1900, sitzt man direkt neben oder in der „Helene", der ältesten noch erhaltenen Dresdner Straßenbahn. Empfehlung: Sächsischer Sauerbraten.

⊘**42** [E2] **Falscher Hase** €, Rudolf-Leonhard-Straße 3, Tel. 30959112, http://falscher-hase.com, Mo.–Do. 16–22, Fr.–Sa. 12–23, So. 12–22 Uhr. Im Falschen Hasen, Dresdens erstem veganen Restaurant, werden kreative vegane und vegetarische Gerichte serviert. Publikumsliebling ist der Sojasteakburger in klein oder XXL. Das Restaurant hat nur ca. 20 Plätze – Reservierung daher empfohlen. Im Sommer kann man auch im Garten sitzen.

43 [D7] **Henricus** €€–€€€, Neumarkt 12, Tel. 26359620, www.henricus-dresden.de, tägl. 12–22.30 Uhr. Im Henricus speist man in edlem Ambiente. Serviert werden frische regionale und mediterrane Kreationen. Wahlweise kann der Ausblick auf den Neumarkt genossen oder dem Küchenteam in der offenen, verglasten Küche beim Werkeln zugeschaut werden.

44 [C6] **Italienisches Dörfchen**, Theaterplatz 3, Tel. 498160, www.italienisches-doerfchen.de, tägl. ab 10 Uhr. In den barock ausgestatteten Erdgeschossräumen des Italienischen Dörfchens kann man sich sächsische Klassiker wie Sauerbraten und Quarkkäulchen schmecken lassen – und das in ganz exklusiver Lage an Dresdens Theaterplatz umgeben von Semperoper, Zwinger und Hofkirche. Eine Etage höher, im **Ristorante Bellotto** €–€€€ (tägl. ab 12 Uhr), gibt es gediegene italienische Küche und direkt an der Elbe, im vorgelagerten **Basteischlösschen** €€–€€€, werden anspruchsvolle Fischliebhaber bekocht.

45 [F3] **Lila Soße** €–€€, Alaunstr. 70, Tel. 8036723, www.lilasosse.de, tägl. 12–23 Uhr. Das Restaurant Lila Soße in der Kunsthofpassage besticht nicht nur durch seinen ungewöhnlichen Namen,

◁ *Im Dresden 1900 isst man vis-à-vis der ältesten Straßenbahn der Stadt*

Gastro- und Nightlife-Areale
Bläulich hervorgehobene Bereiche in den Karten kennzeichnen Gebiete mit einem dichten Angebot an Restaurants, Bars, Klubs, Discos etc.

sondern auch durch seine junge, moderne deutsche Küche. Ein kulinarischer Genuss und Hingucker sind die kreativen Gerichte im Einmachglas.

46 [jo] **Luisenhof** €–€€€, Bergbahnstr. 8, Tel. 2149960, www.luisenhof.org, Mo.–Fr. 11–23, Sa. 11–24, So. 10–23 Uhr. Hoch oben am Elbhang an der Bergstation der Standseilbahn gelegenes Café-Restaurant mit einer der schönsten Aussichten auf Dresden und die Umgebung. Sehr begehrt ist der Sonntagsbrunch von 10 bis 15 Uhr (Reservierung erbeten).

47 [F4] **Pizzeria Toscana** €–€€, Louisenstr. 34/36, Tel. 6567690, www.toscana-in-dresden.de, April–Sept. tägl. ab 11, Okt.–März Mo.–Fr. 11–14.30, 17.30–24, Sa./So. ab 11 Uhr. Pizza, hausgemachte Pasta und leichte italienische Küche – auf zwei Etagen und im Sommer auch im Biergarten.

48 [D6] **Radeberger Spezialausschank** €–€€, Terrassenufer 1, www.radeberger-spezialausschank.de, Tel. 4848660, tägl. 11–0.30 Uhr. Im ehemaligen Brückenmeisterhaus an der Brühlschen Terrasse gibt es eine naturtrübe und unfiltrierte Bierpezialität – das Radeberger Zwickelbier. Durch die Kombination mit einer der dazu passenden deftigen Speisen und dem Blick auf die Elbe ist der Besuch im Restaurant ein Genuss.

49 [D7] **Rauschenbach Deli** €–€€, Weiße Gasse 2, www.rauschenbach-deli.de, Tel. 8212760, So.–Mi. 9–24, Do. 9–1, Fr./Sa. 9–2 Uhr. Mit den bodentiefen Fenstern und den Sitzmöglichkeiten draußen ist das Rauschenbach Deli optimal, um zu sehen und gesehen zu werden. Die internationale Küche bietet eine vielfältige Auswahl – von Surf and Turf und Schnitzel über Fisch bis hin zur vegetarischen Kürbis-Karotten-Ingwer-Suppe.

🛥**50** [D5] **St. Petersburg** €–€€, Hauptstraße 11, Tel. 5633233, www.st-petersburg-dd.de, Mo.–Fr. 11.30–14.30 u. 17–24, Sa./So. 11.30–24 Uhr. Im St. Petersburg sitzt der Gast umgeben von großen Petersburger Stadtansichten edel auf rotem oder grünem Samt und hat je nach Wahl ein traditionelles russisches oder usbekisches Gericht auf dem Teller: Pelmeni, Bœuf Stroganow oder Usbekischer Plow.

🛥**51** [B6] **Sushi und Wein** €–€€€, Maxstr. 1, Tel. 30707510, www.sushi-und-wein. de, tägl. 11–23 Uhr. Sushi-Köstlichkeiten wie Makis und Nigiris werden individuell zusammengestellt oder von der Küche miteinander kombiniert – begleitet von Wasabi und eingelegtem Ingwer. Dazu gibt es ein exzellentes Weinangebot aus Sachsen oder anderen Regionen.

🛥**52** [io] **Villa Marie** €€–€€€, Fährgässchen 1, Tel. 315440, www.villa-marie.de, Mo.–Sa. 11.30–1, So. 10–1 Uhr. Nur wenn man aus dem Fenster schaut oder im Garten sitzt, sieht man, dass man doch nicht in der Toskana ist. Leckere mediterrane Küche, sonntags ab 10 Uhr Brunch.

🛥**53** [E3] **Villandry** €–€€€, Jordanstr. 8, Tel. 8996724, www.villandry.de, Mo.–Sa. ab 18 Uhr. Im Villandry werden mit Produkten aus der Region leichte und moderne Gerichte mit mediterranem Touch gekocht. Bedingt durch das saisonal abhängige Produktangebot gibt es eine fast täglich wechselnde Karte.

🛥**54** [D5] **Wenzel Prager Bierstuben** €–€€, Königstr. 1, Tel. 8042010, www.wenzel-bierstuben.de, So.–Do. 11–22, Fr./Sa. 11–23 Uhr. Im Wenzel an der Königstraße kann man das Ambiente wählen – z. B. lichtdurchflutet und luftig im Atrium

oder urig-gemütlich im Gewölbe. Es gibt traditionelle tschechisch-böhmische Gerichte und natürlich frisch gezapftes Prager Bier.

(Eis-)Cafés und Imbisse

🔄**55** [F4] **Café Blumenau**, Louisenstr. 67, Tel. 8026502, www.cafe-blumenau.de, Mo.–Do. 8.30–24, Fr. 8.30–2, Sa. 9–2, So. 9–24 Uhr. Im Café Blumenau sitzt man bei schönem Wetter natürlich draußen – auf gemütlichen und bequemen Lederpolstern, nah am quirligen Treiben der Louisenstraße. Super zum Frühstücken oder für ein entspanntes Mittagessen mit internationalen Gerichten.

🔄**56** [F4] **Café Continental**, Görlitzer Str. 1, tägl. 0–24 Uhr (Frühstück ab 7 Uhr), http://cafe-continental-dresden.de. Das Café Continental ist 24 Stunden geöffnet und liegt direkt am Neustädter Knotenpunkt Görlitzer Str./Rothenburger Str./ Louisenstraße, WLAN. Die weithin sichtbare, neongrün beleuchtete Bar ist im Dunkeln garantiert nicht zu verfehlen und weist dem durstigen/hungrigen Nachtschwärmer sicher den Weg zu Tee, Latte macchiato, Cocktails und/oder internationalen Gerichten.

🔄**57** [E3] **Café Europa**, Königsbrücker Str. 68, Tel. 8044810, www.cafe-europa-dresden.de, tägl. 0–24 Uhr (Frühstück ab 6 Uhr), WLAN. Anlaufpunkt für Nachtschwärmer und Frühaufsteher gleichermaßen. Das Café Europa ist eine der wenigen Café-Kneipen der Stadt, die durchgehend geöffnet haben. Täglich aktuell liegen 14 nationale und internationale Zeitungen bereit.

🔄**58** [F3] **Café Komisch**, Bischofsweg 50, tägl. 10–22 Uhr. Die Softeisadresse der Dresdner Neustadt. Der „frisch gezapfte" Klassiker Schoko-Vanille erfreut sich zu Recht großer Beliebtheit, im Sommer heißt es oftmals Schlange stehen.

🔄**59** [F4] **Café Neustadt**, Bautzner Str. 63, Tel. 8996649, Mo.–Fr. 7.30–23, Sa.

9–23, So. 9–20 Uhr. Im Café Neustadt
kann man den Morgen prima mit einem
Frühstücksmenü beginnen. Zur Wahl stehen z. B. die „Süße Neustadt" (Marme-
lade und Honig zum Brötchen), „Old England" (deftig mit Schinken und Ei) oder
„Krakau" (mit Lachs und Pumpernickel).

❭ **Café Vis-à-Vis,** den Kaffee auf der Brühlschen Terrasse genießen (s. S. 55)

🔴**60** [F4] **Curry & Co,** Louisenstraße 62,
Tel. 2093154, www.curryundco.com,
So.–Mi. 11–22, Do. 11–24, Fr./Sa.
11–2 Uhr. Hier geht es um die Wurst:
Currywurst geräuchert, gebrüht, vom
Geflügel oder vom Rind und auch für den
Veganer ganz ohne Fleisch. Das Kom-
munikationsdesign für Curry & Co wurde
2007 mit dem Sächsischen Staatspreis
für Design prämiert, Laden, Currywurst,
Pommes und die selbstgemachten
Soßen (Empfehlung: Honig-Senf) stehen
dem in nichts nach.

🔴**61** [D7] **Dresdner Trödelcafé,** Gewand-
hausstraße 9, Tel. 4817048, http://
troedelkaffee.de, tägl. ab 11.30 Uhr.
Das Trödelcafé ist ein Zeitreise-Erlebnis
auf Dresdens Altstadtseite: Zwischen
lauter Antiquitäten und kuriosem Trödel
genießt ein bunt gemischtes Publikum
die selbstgebackene Eierschecke und
handgefilterten Bohnenkaffee. Sonntags ab 18 Uhr ist Schallplattenabend
mit kleiner Kauf- und Tauschbörse für
Freunde des schwarzen Rillenmediums.

🔴**62** [F4] **Dürüm Kebab Haus,** Rothenburger Straße 41, Tel. 8026279, www.
durum-kebab-haus.de, So.–Mi. 10–3,
Do.–Sa. 10–5 Uhr. Das Dürüm Kebab
Haus ist Dresdens erste Adresse für
einen exzellenten Dürüm aus hausge-
machtem Yufkateig, mit Fleisch oder
vegetarisch.

🔴**63** [F4] **England, England,** Martin-
Luther-Straße 25, Tel. 32950150,
http://englandengland.de, Di.–Sa.
12–20, So. 10–18 Uhr. Wer im England,
England hereinschaut, der wird in eine

EXTRATIPPS

Dinner for one
Allein unterwegs? Kein Problem, in
Dresden kann man sehr gut allein
Essen gehen – z. B. zum Frühstücken
ins **Café Neustadt** (s. S. 24), zum
Mittag-/Abendessen ins **Rauschen-
bach Deli** (s. S. 23) in der Weißen
Gasse oder in die **Pastamanufaktur**
(s. S. 22) neben der Dreikönigs-
kirche.

Lokale mit guter Aussicht
Ungeschlagen in Sachen „gute Aussicht" ist der **Luisenhof** (s. S. 23)
auf der Loschwitzer Höhe mit Blick
auf die Stadt. Aber auch die folgenden Lokale haben neben gutem
Essen eine schöne Aussicht zu
bieten:

❭ **Henricus** (s. S. 23): Blick auf die
  Frauenkirche
❭ **Radeberger Spezialauschank**
  (s. S. 23): Blick auf die Elbe
❭ **Schillergarten** (s. S. 27): Blick
  auf die Elbe und das
  Blaue Wunder 🔴**50**

Für den späten Hunger
Hungrige Nachtschwärmer bekommen hier auch spät noch etwas zu
essen:

❭ **Café Europa** (s. S. 24)
❭ **Café Continental** (s. S. 24)
❭ **Dürüm Kebab Haus** (s. S. 25)
❭ **The Red Rooster** (s. S. 29)

Lecker vegetarisch
Mittlerweile hat jedes gute Restaurant eine Auswahl an fleischlosen
Gerichten auf der Karte – wer jedoch
explizit vegetarisch genießen möchte,
dem seien diese drei empfohlen:

❭ **brennNessel** (s. S. 22)
❭ **Falscher Hase** (s. S. 23)
❭ **Lotus – Bio-Imbiss** (s. S. 26)

Smoker's Guide

Blauer Dunst über Dresden: Vor über 100 Jahren war die Stadt den Rauchfreu(n)den gegenüber sehr positiv gestimmt, denn von 33 deutschen Zigarettenfabriken befanden sich 1880 immerhin 21 in Dresden, erfolgreich gekrönt durch den extravaganten und aufsehenerregenden Bau der Orientalischen Tabak- und Zigarettenfabrik Yenidze **25**.

Das deutschlandweite **Rauchverbot** gilt heute selbstverständlich auch in der sächsischen Landeshauptstadt. Grundsätzlich werden Raucher **vor die Tür geschickt,** einige Restaurants, Kneipen etc. nutzen jedoch die Ausnahmen, die im Gesetzestext vermerkt sind, und bieten eigene **Raucherräume** oder sind wegen ihrer Größe (Einraum) gleich komplett als Raucherlocation deklariert. So z. B.:

> Kowalsky –
> die Raucherbar (s. S. 27)
> Leonardo (s. S. 28)
> Planwirtschaft (s. S. 28)
> Stilbruch (s. S. 28)

andere Welt versetzt: zu Besuch in der guten Stube bei einer ehrwürdigen alten englischen Landlady – man hat fast das Gefühl, sich am Eingang die Schuhe ausziehen zu müssen. Die Inhaberin Anke Hoppert hat lange Zeit in England verbracht und sich 2010 ihren Traum eines Cafés in der Dresdner Neustadt erfüllt. Im liebevoll überspitzt gestalteten Tearoom verwöhnt sie ihre Gäste mit typisch englischen Genüssen wie *Cream Tea (with homemade scones),* einem kleinen England-Shop und kulturellen Angeboten. Welcome to England!

64 [D8] **Haselbauer Eis-Pavillon,** Dr.-Külz-Ring 14, Tel. 2816539, www.haselbauer-eis.de, Mo.–Sa. 10–20, So. 13–18 Uhr. Das schaumig-vanillige Streicheis zwischen zwei Waffelschalen von Haselbauer hat in Dresden Kultstatus. Probieren lohnt sich.

65 [F4] **Lloyd's café & bar,** Martin-Luther-Straße 17, Tel. 5018774, www.lloyds-cafe-bar.de, Mo.–Fr. ab 8, Sa./So. ab 9 Uhr. Schräg gegenüber der Martin-Luther-Kirche kann man im Lloyd's mit den einladenden weißen Ledersitzgarnituren und großen Spiegelflächen stilvoll das nachmittägliche Kaffeekränzchen abhalten oder sich zur gediegenen Abendgestaltung an der Bar einfinden.

66 [F4] **Lotus Bio-Imbiss,** Louisenstr. 58, Tel. 32991701, www.lotus-bio-imbiss.de, Mo.–Sa. 11–22, So. 11–21 Uhr. Dresdens erster Bio-Imbiss mit vielfältigen fleischlosen Gerichten, die ausschließlich aus Bio-Produkten und (sofern möglich) von regional ansässigen Produzenten frisch und schnell zubereitet werden. Mit wöchentlich wechselnder Karte. Beliebt: Dal (indische Linsensuppe), gekocht nach ayurvedischen Richtlinien.

67 [C7] **Max Großstadtcafé,** Wilsdruffer Str. 24, Tel. 48433870, Mo.–Sa. ab 8, So. ab 10 Uhr, http://max-dresden.de, WLAN. Der stylische, dunkelbraune Kubus mit viel Glas an der Wilsdruffer Straße ist nicht nur ein architektonischer Hingucker, sondern mit ausreichend Sitzgelegenheiten innen wie außen optimal für eine kleine Verschnaufpause inmitten der City. Mit internationaler Küche für den großen und kleinen Hunger und sonntags Brunch.

68 [F4] **Scheunecafé,** Alaunstr. 36–40, Tel. 8026619, www.scheunecafe.de, Mo.–Do. 17–24, Fr. 17–1, Sa. 10–1, So. 10–24 Uhr. Hier gibt es verführerisch duftende und ebenso leckere indische Gerichte. Das Ambiente und das Publikum sind bunt gemischt, eben typisch Neustadt. Am Wochenende wird im Scheunecafé von 10 bis 16 Uhr üppig gebruncht – Reservierung empfohlen.

Ⓔ**69** [F3] **Schokoladenbar,** Alaunstr. 68, www.schokoladenbar-dresden.de, Tel. 4483832, tägl. ab 13 Uhr. Buntes Sammelsurium an alten Stühlen, Sesseln und Tischen zum gemütlichen Zusammensitzen. Im Angebot sind kühle oder heiße Getränke und kleine, feine Süßspeisen mit – natürlich – Schokolade.

Biergärten

Ⓔ**70** [D5] **Elbsegler,** Große Meißner Straße 15, www.westinbellevuedresden.com/de/elbsegler, Tel. 8051784, Frühjahr–Herbst tägl. ab 12 Uhr. Leise im Wind klappernde Fahnenmasten, einzigartiger Ausblick auf Elbe und City – hier lässt es sich herrlich entspannen.

Ⓔ**71** [fn] **Fährgarten Johannstadt,** Käthe-Kollwitz-Ufer 23b, Tel. 4596262, www.faehrgarten.de, tägl. ab 10 Uhr. Der gemütliche Biergarten liegt direkt an der Elbe am Fähranleger „Johannstadt" zwischen Albertbrücke und Waldschlösschenbrücke. Frisch Gebrutzeltes vom Holzkohlegrill und frisch Gezapftes locken so manchen Spaziergänger oder Fahrradfahrer in den Fährgarten.

Ⓔ**72** [io] **Schillergarten,** Schillerplatz 9, Tel. 811990, www.schillergarten.de, tägl. 11–1 Uhr. Im Sommer ist der Biergarten am Blauen Wunder ein absoluter Besuchermagnet, in der kalten Jahreszeit und falls das Wetter im Sommer nicht mitspielt, findet man im Restaurant Unterschlupf. Neben deftig-bürgerlicher Küche gibt es leckere hausgemachte Patisserieköstlichkeiten und Eiskreationen.

Ⓔ**73** [E9] **Torwirtschaft Großer Garten,** Lennéstr. 11, www.torwirtschaft-dresden.de, Tel. 4595200, Biergarten: März–Nov. Mo.–Fr. ab 16, Sa./So. ab 11 Uhr, Restaurant: tägl. ab 11 Uhr, WLAN. Leichte und deftige Speisen sowie Getränke zu fairen Preisen. Der Biergarten der Torwirtschaft am Westeingang zum Großen Garten bietet ca. 800 Gästen Platz.

Dresden am Abend

Nachts sind alle Katzen grau? In Dresden ganz sicher nicht, denn das Nachtleben der Stadt ist bunt, vielschichtig und abwechslungsreich.

Der interessierte Kulturliebhaber kommt hier genauso auf seine Kosten wie der partybegeisterte Nachtschwärmer. Für kulturellen Hochgenuss stehen so erstklassige Häuser wie Semperoper und Staatsoperette, für wunderbares Kabarett z. B. die Herkuleskeule. Klubgänger und Tanzwütige finden in der breiten Auswahl an Kneipen, Bars und Discos – zu beiden Seiten der Elbe – das passende Angebot für ihre Abend- bzw. Nachtgestaltung. Dresdens Neustadt ist hier die unangefochtene Nummer eins: Kneipen, Bars, Klubs und Discos in Hülle und Fülle.

Kneipen und Bars

Ⓔ**74** [F4] **Café Combo,** Louisenstr. 66, tägl. 9–2 Uhr, WLAN. In der gemütlichen Retro-Cafébar sitzt man auf Plastik-Möbeln der 1970er-Jahre oder auf Kissen direkt im Schaufenster und hat das abwechslungsreiche „Programm" auf der Louisenstraße bestens im Blick.

Ⓔ**75** [F3] **Frank's Bar,** Alaunstraße 80, Tel. 65888380, www.franksbar.de, tägl. 18–2, Fr./Sa. 18–5 Uhr. In der kleinen, feinen und sehr beliebten Cocktailbar in der Neustadt hat der Gast die Wahl aus über 200 Cocktails – wer damit überfordert ist, der nimmt einfach den Cocktail der Woche oder lässt sich vom Barkeeper etwas Überraschendes zaubern. Happy Hour ist jeden Tag von 19 bis 20 Uhr.

Ⓔ**76** [D7] **Kowalsky – die Raucherbar,** An der Frauenkirche 13, Tel. 32367210, www.kowalsky.de, tägl. 12–24 Uhr. Bar in bester Citylage – für alle, die zu spä-

ter Stunde noch in der Altstadt unterwegs sind und sich nach einem Cocktail oder kleinem Snack sehnen, Rauchen ist natürlich erlaubt.

77 [E2] **Leonardo – die Kneipe im Hecht,** Rudolf-Leonard-Str. 24, Tel. 8042247, www.leonardo-im-hecht.de, tägl. 18–2 Uhr, Sa./So. 10–14.30 (Frühstücksbrunch) und 18–2 Uhr. Gemütliche Neustädter Stammkneipe im „Hechtviertel". Hier trifft man sich gern mit Freunden auf ein Bier. Ab 22 Uhr ist das Leonardo Raucherkneipe.

78 [E3] **Planwirtschaft,** Louisenstr. 20, www.planwirtschaft.de, Tel. 8013187, Mo.–Do. 17–1, Fr./Sa. 17–2, So. 9–18 Uhr, WLAN. Die Kultkneipe der Stadt: Herrlich unkonventionell und typisch für die Dresdner Neustadt. Wer in die Stadt kommt, der muss hier einmal rein. Ab 22 Uhr mit hauseigenem Raucherkeller.

79 [F4] **Raskolnikoff,** Böhmische Str. 34, Tel. 8045706, www.raskolnikoff.de, Mo.–Fr. 10–2, Sa./So. 9–2 Uhr, WLAN. Das Raskolnikoff, das sich in einem der ältesten Häuser der Neustadt befindet, ist ähnlich wie die Planwirtschaft ein Muss für einen Besuch in Dresdens Kneipenszene. Kunst trifft hier auf leckeres

Essen (nicht nur russische Küche) und gemütliche Atmosphäre. Empfehlung: exzellenter Sonntagsbrunch.

80 [F4] **Stilbruch,** Böhmische Str. 30, Tel. 8108610, www.stilbruch-dresden. de, Mo.–Do. 18–1, Fr./Sa. 18–2 Uhr. In Dresdens „Surrealer Szenebar" trifft man überall auf „Verrücktheiten" – z. B. in Form von Kunst an den Wänden oder bei den Gerichten auf der Speisekarte: Hier gibt es „Aufprall bei 87mph", „Wütende Bohnen" und „Traubenurnen". Was dahinter steckt, sollte man selbst herausfinden! Mit „abgetrenntem" Rauchersalon.

81 [E2] **Terrasse,** Bischofsplatz 2, tägl. 19–2 Uhr. Die Terrasse ist eine sehr beliebte (füllt sich, sobald geöffnet wird) und gemütliche Kneipe in Sichtweite des Filmtheaters Schauburg. Kleine Auswahl an leckeren und günstigen Gerichten. Im Sommer lädt die Dachterrasse zum Chillen ein.

⌂ *Auf der Augustusbrücke [D6] erinnert „Die Woge" an das Elbehochwasser 2002*

015dn Abb.: br

◑82 [D5] **The Red Rooster – Traditional Pub & Café**, Rähnitzgasse 10, Tel. 2721850, www.redrooster-pub.de, Mo.–Fr. ab 17, Sa./So. ab 15 Uhr, Küche bis 2 Uhr, Getränke bis 3 Uhr, WLAN. Der „Rote Hahn" ist ein typischer, traditioneller und kultiger Irish Pub mitten in der Inneren Neustadt mit irischem Bier, Whiskey, gut gelaunten Menschen und ab und an Livemusik.

❶83 [F3] **Wohnzimmer**, Alaunstraße/ Ecke Jordanstr. 27, Tel. 5635956, www.wohnzimmer-dresden.de, tägl. ab 13 Uhr. Hier sagt der Name eigentlich alles. Die Einrichtung erinnert an einen Besuch bei Oma oder den gut sortierten Trödelladen. Die gemütlichen alten Polstermöbel laden in zwei großen Räumen und auf einer Galerie zum stilvollen Abhängen ein. Wer während einer Kneipentour durch die Neustadt hier landet und einen Wachmacher braucht, dem sei die Indische Milch empfohlen: sehr würzig und alkoholfrei – für einen klaren Kopf.

⌂ *Szenig-gemütlich – das Wohnzimmer in der Neustadt*

Discos und Klubs

◑84 **Bunker Straße E**, Werner-Hartmann-Str. 2, http://bunker-dresden.de, Do. ab 21, Fr./Sa. ab 22 Uhr. Der Bunker (Dark Wave, Depeche-Mode-Partys etc.) ist einer der Szeneklubs im Industriegelände, das Partymöglichkeiten in geballter Form repräsentiert. In alten Industriehallen gibt es für jeden Tanzwütigen das richtige Disco- oder Konzertangebot. Gefeiert wird bis weit in die Morgenstunden hinein.

◑85 [E4] **Downtown**, Katharinenstr. 11–13, Tel. 8115592, www.downtown-dresden.de, geöffnet: Fr./Sa. ab 22 Uhr. Das Downtown ist die älteste Disco der Stadt. Der Freitag steht ganz im Zeichen der 1970er-, 1980er- und 1990er-Discohits. Samstags gibt es satte Clubsounds.

❶86 [F3] **Katy's Garage**, Alaunstraße 48, Tel. 6567701, www.katysgarage.de. Katy's Garage ist ein zentral in der Äußeren Neustadt gelegener Klub auf dem Gelände einer ehemaligen Autowerkstatt, was sich unverkennbar in der Einrichtung widerspiegelt. Die Klubwoche hat hier sieben Tage und jeder Tag steht unter einem anderen Motto – z. B. Mi. „Älternabend – die Party für Leute ab 30" oder Sa. „Neustadt Disko".

↻**87** [B6] **Kraftwerk Mitte,** Wettiner Platz 7, Tel. 215277999, http://kraftwerk-club.de, Fr./Sa. ab 22 Uhr, Eintritt: Fr. 5 €, Sa. 10 € (jeweils mit Freigetränk bis 0 Uhr). Stylische „Großraumdisco" in einem alten Backsteingebäude ganz in der Nähe des S-Bahnhofs Mitte. Charts, House und Electro.

↻**88** [D7] **m.5 Nightlife,** Münzgasse 5, Tel. 4965491, www.m5nightlife.de, geöffnet: Do.–Sa. ab 21 Uhr. Tanzbar und Diskothek mitten in der Dresdner Altstadt in direkter Nachbarschaft der Frauenkirche und mit Open-Air-Cocktail-bar. Do.: Discofox-Schlager und Latino, Fr.: Ü30-Party – Disco Diamonds, Sa.: Ü30-Party mit dem besten Mix aus allen Hits. Do. Eintritt frei. Fr./Sa.: Damen haben freien Eintritt, Herren zahlen 7 €, mit Raucherlounge.

↻**89** [E3] **Ostpol,** Königsbrückerstraße 47, www.ost-pol.de, Mo.–Sa. ab 20 Uhr. Der Name lässt es schon vermuten, hier findet man DDR-Reminiszenzen in stilvollbetagtem 1970er-Jahre-Ambiente. In Sachen Musik reicht die Bandbreite von Pop bis Indie.

↻**90** [F4] **Scheune,** Alaunstr. 36–40, Tel. 8026619, www.scheune.org. Die Scheune hat nicht nur ein gern besuchtes Café (s. S. 26) sondern ist seit über 60 Jahren eine feste und beim Publikum sehr beliebte Kulturlocation in Dresden mit breit gefächertem Angebot: Konzerte jeglicher Couleur, Filmabende, Lesungen, Comedy und natürlich auch Party und Tanz.

Kabarett

↻**91** [B8] **Die Herkuleskeule – Dresdens Kabarett-Theater,** Sternplatz 1, Tel. 4925555, www.herkuleskeule.de, Ticketkasse: Mo.–Fr. 12–18 Uhr, Sa.

12–16 Uhr, Abendkasse 60 min. vor Vorstellungsbeginn. Die Herkuleskeule machte sich schon zu „finsteren" DDR-Zeiten mit „hochexplosivem" politischem Kabarett einen Namen diesseits und jenseits des Eisernen Vorhangs. 1987 durfte das Ensemble sogar in den Westen und gastierte gemeinsam mit der „Lach- und Schießgesellschaft" im Münchner Residenztheater. In der Herkuleskeule wurden einige namhafte Kabarettisten/Schauspieler groß, u. a. Wolfgang Stumpf, Uwe Steimle und Manfred Breschke. Letzterer verließ 1997 die Herkuleskeule und gründete mit Thomas Schuch und Monika Breschke ein eigenes Kabarett.

↻**92** [B6] **Dresdner Kabarett Breschke & Schuch,** Wettiner Platz 10, Tel. 4904009, www.kabarett-breschke-schuch.de, Ticketkasse: Di.–Fr. 10–18 Uhr. Unterhaltsames politisches Satire-Kabarett in der Wilsdruffer Vorstadt mit eigenem Repertoire und abwechslungsreichen Gastspielen.

Theater und Konzerte

❯ **Carte Blanche – Travestie-Revue-Theater** (s. S. 124). Glamouröse, charmante und ebenso witzige Travestieshows lassen „Moulin-Rouge-Feeling" in der Dresdner Neustadt aufkommen.

↻**93** [A7] **Comödie Dresden,** Freiberger Straße 39, World Trade Center, Tel. 866410, www.komoedie-dresden.de, Ticketkasse: Mo.–Sa. 10–18 Uhr. Sachsens größtes Privattheater ist nicht nur auf Komödien abonniert. Die Experimentierfreudigkeit zeigt sich am Programm und seit 2011 auch am „C" (statt „K") im Namen.

❷❾ [D7] **Kulturpalast.** Der Kulturpalast ist Dresdens zentral gelegene Veranstaltungslocation für Konzerte, Shows und Musicals. Außerdem ist er das Stammhaus der Philharmonie Dresden.

❷❹ [C7] **Schauspielhaus (Staatsschau-
spiel Dresden).** Dresdens ehemaliges
bürgerliches Hoftheater gehört zu den
führenden Häusern in der deutschen
Schauspiel- und Theaterlandschaft –
mit klassischen und zeitgenössischen
Inszenierungen.

❶❾ [C6] **Semperoper (Sächsische Staats-
oper Dresden).** Ein Konzert- oder Opern-
besuch in der Semperoper ist sehr
begehrt und ein kultureller Hochgenuss.
Wer für die Abendvorstellungen keine
Tickets mehr bekommen kann, dem
seien auch die Matineen sonntags um
11 Uhr ans Herz gelegt.

↻**94 Staatsoperette Dresden,** Pirnaer
Landstr. 131, Tel. 2079999, www.
staatsoperette-dresden.de, Theater-
kasse: Mo. 10 – 16, Di. – Fr. 10 – 19,
Sa. 15 – 19 Uhr. Die Staatsoperette Dres-
den steht für anspruchsvolles, heiteres
Musiktheater von Operette bis Musical:
„Die Fledermaus" trifft „My Fair Lady".

↻**95** [D5] **Societaetstheater,** An der Dreikönigskirche 1a, Tel. 8036810, www.
societaetstheater.de, Theaterkasse: Di. –
Sa. 15 – 20 Uhr, Mo./So. 2 Std. vor Vorstellungsbeginn. Kartenpreise: 16 – 18 €,
erm. 6,50 – 10 €. Städtisches zeitge-
nössisches Theater an der Hauptstraße
mit breitem Repertoire von Sprech- bis
Musiktheater.

↻**96** [D6] **Theaterkahn – Dresdner Brettl,**
Terrassenufer an der Augustusbrü-
cke, Tel. 4969450, www.theaterkahn-
dresden.de, Ticketkasse: Mo. – Fr. 11 – 18
Uhr (außer an Feiertagen). Das gibt es
nur in Dresden: Ein ausrangierter Elb-
kahn mit Theater und Restaurant, der
direkt neben der Augustusbrücke auf
Altstädter Seite fest vor Anker liegt. Das
„Dresdner Brettl" spielt tägl. außer mon-
tags alles von Kabarett bis Komödie und
hat Platz für 216 Zuschauer.

↻**97 tjg. theater junge generation – schauspiel,** Meißner Landstr. 4, Tel. 429120,
www.tjg-dresden.de, Tickets 10 – 12 €,

ermäßigt 5 – 6 €, Kinder bis 14 Jahre
4,50 – 5,50 €. Das tjg. theater junge
generation ist das zweitälteste Kinder-
und Jugendtheater Deutschlands. Kinder, Jugendliche und junggebliebene
Erwachsene bekommen ein vielfältiges
Programm geboten – Klassiker, Märchen und moderne Inszenierungen. Im
Sommer ist das tjg auch mit vielen Open-
Air-Aufführungen aktiv – z. B. im Stallhof oder im „Sonnenhäusl" im Großen
Garten.

Dresden für Kunst- und Museumsfreunde

*Dresdens Museumslandschaft ist
ebenso breit gefächert wie abwechslungsreich: 44 Museen und 56 Galerien bieten kulturelle Highlights.
Die kulturellen Schatzkammern der
Stadt genießen Weltruf, denn einige
der Museen befinden sich schon seit
Langem mit namhaften internationalen Einrichtungen auf Augenhöhe.*

Die beiden großen Institutionen
der Dresdner Museenvielfalt sind die
**Staatlichen Kunstsammlungen Dres-
den** (12 Museen) und die **Museen der
Stadt Dresden** (8 Museen). Unter den
zwölf Museen der Staatlichen Kunstsammlungen „verbergen" sich Hoch-
karäter wie das Grüne Gewölbe und
die Galerien Alte und Neue Meister.

❯ **Staatliche Kunstsammlungen Dresden:**
www.skd.museum, SKD

❯ **Museen der Stadt Dresden:**
www.museen-dresden.de, MDD

Museen

🏛**98 Carl-Maria-von-Weber-Museum**
(MDD), Dresdner Straße 44, Tel.
2618234, geöffnet: Mi. – So. 13 – 18 Uhr,
Mo./Di. geschl., Eintritt: 4 €, erm. 3 €,

Dresden für Kunst- und Museumsfreunde

059dn Abb.: br

Fr. ab 13 Uhr Eintritt frei (außer an Feiertagen). Kurz vor Pillnitz befindet sich – beschaulich gelegen – das weltweit einzige Carl-Maria-von-Weber-Museum. Die ehemaligen Wohnräume, die Weber während seiner Besuche in Dresden bezog, sind zu einem Museum umgestaltet worden und widmen sich dem Leben und Werk des Musikers und Komponisten. Es finden regelmäßig Veranstaltungen wie z. B. Konzerte statt.

37 [E8] **Deutsches Hygiene-Museum.** Der „Gläserne Mensch", das bekannteste Exponat der faszinierenden Ausstellung rund um den menschlichen Körper und das integrierte interaktive Kindermuseum machen das Hygiene-Museum zu einem der beliebtesten Museen der Stadt.

44 [E4] **Erich Kästner Museum.** Dem berühmten Schriftsteller und „Kind Dresdens" widmet sich dieses interaktiv gestaltete Museum am Albertplatz. Der interessierte Besucher wird bereits vom jungen Erich auf der Mauer sitzend erwartet!

99 [gn] **Gedenkstätte Bautzner Straße,** Bautzner Straße 112a, Tel. 6465454, www.bautzner-strasse-dresden.de, tägl. 10–18 Uhr, Eintritt: 4 €, erm. 2 €, Schüler unter 18 Jahren frei, letzter So. im Monat frei. Ehemalige Untersuchungshaftanstalt des DDR-Ministeriums für Staatssicherheit.

10 [D6] **Festung Dresden (Kasematten).** Über den Eingang am Georg-Treu-Platz kann man die alten Stadtmauern erkunden. Direkt unterhalb der Brühlschen Terrasse zeugen die über 400 Jahre alten Festungsanlagen von der Geschichte der sächsischen Residenzstadt.

13 [C7] **Grünes Gewölbe** (SKD). Die malachitgrünen Wände standen einst Pate für den Namen der üppig gefüllten Schatzkammer des sächsischen Hofes im Residenzschloss. Nach Umbau und Neukonzeption ist das Grüne Gewölbe nun in zwei eigenständige Ausstellungen aufgeteilt: Historisches Grünes Gewölbe im Erdgeschoss und Neues Grünes Gewölbe im ersten Obergeschoss.

🏛**100 Heimat- und Palitzsch-Museum Prohlis (MDD)**, Gamigstraße 24, Tel. 7967249, geöffnet: Mi.–So. 13–18 Uhr, Mo./Di. geschl., Eintritt: 4 €, erm. 3 €, Fr. ab 13 Uhr Eintritt frei (außer an Feiertagen). Im ehemaligen Hof des Bauern und Naturwissenschaftlers Johann Georg Palitzsch ist heute ein Heimatmuseum eingerichtet. Die Themenschwerpunkte sind die Prohliser Ortsgeschichte, die mittlerweile über 7000 Jahre zurückreicht, und natürlich Palitzsch selbst. Er entdeckte 1758 den Halleyschen Kometen.

🏛**101 [G3] Kraszewski-Museum** (MDD), Nordstraße 28, Tel. 8044450, geöffnet: Mi.–So. 13–18 Uhr, Mo./Di. geschl., Eintritt: 4 €, erm. 3 €, Fr. ab 13 Uhr Eintritt frei (außer an Feiertagen). Binationales Museum, das sich dem Leben des polnischen Schriftstellers Józef Ignacy Kraszewski widmet. Wechselnde Sonderausstellungen mit deutsch-polnischem Kulturaustausch, Lesungen und Konzerten sowie Veranstaltungsort der Polnischen Kulturtage in Dresden.

🏛**102 [D5] Kügelgenhaus – Museum der Dresdner Romantik (MDD)**, Hauptstraße 13, Tel. 8044760, Mi.–So. 10–18, Mo./Di. geschl., Eintritt: 4 €, erm. 3 €. Hinter der restaurierten barocken Bürgerhausfassade verbirgt sich ein Museum, das in neun thematischen Räumen Dresdens Rolle in der Romantik beschreibt.

❭ **Mathematisch-Physikalischer Salon** (SKD), Zwinger **㉑**. Diese Ausstellung im Dresdner Zwinger ist ganz mathematisch-naturwissenschaftlicher Natur: Gezeigt werden kostbare und ebenso präzise Messgeräte jeglicher Art, Uhren und Globen aus mehr als fünf Jahrhunderten.

◁ *Beeindruckend: der Keil von Daniel Libeskind ragt aus dem Militärhistorischen Museum* **54** *heraus*

> Museen, die mit einer magentafarbenen Nummer (**40**) als Hauptsehenswürdigkeit ausgewiesen sind, werden im Kapitel „Dresden entdecken" ausführlich beschrieben. Dort finden sich auch alle praktischen Informationen wie Adresse, Öffnungszeiten usw.

54 [G1] **Militärhistorisches Museum der Bundeswehr.** Im Leitmuseum der Bundeswehr wird – ehrlich, ungeschönt und ohne Pathos – die militärische Entwicklung Deutschlands visualisiert. Militärhistoriker, interessierter Laie oder Pazifist: Die moderne Ausstellungskonzeption und spektakuläre Architektur machen das Militärhistorische Museum für viele Besucher interessant.

40 [D5] **Museum für Sächsische Volkskunst mit Puppentheatersammlung** (SKD). Typisch sächsische Schnitzereien, Trachten und Alltagsgegenstände – im Jägerhof begibt man sich auf die Spuren sächsischer Traditionen und originaler Volkskunst. Ergänzt um eine der größten Puppentheatersammlungen der Welt ist es ein echtes kulturelles Highlight.

❭ **Museum für Völkerkunde Dresden** (SKD), im Japanischen Palais **46**. Exotisch, anders und magisch anziehend, das sind die Ausstellungsexponate fremder Kulturen im Völkerkundemuseum Dresden. Auf der rechten Elbseite im Japanischen Palais, mit wechselnden Ausstellungen.

❭ **Münzkabinett** (SKD), im Residenzschloss **12** und ab Juni 2015 im Georgenbau **14**. Money rules the world – Münzen, Medaillen und andere Geldschätze von der Antike bis zur Gegenwart.

53 [hr] **Panometer.** In der ehemaligen Gasanstalt Dresden Reick ist ein 360°-Stadtpanorama zu bestaunen. Yadegar Assisi ermöglicht mit „Dresden – Mythos der barocken Residenzstadt"

Dresden für Kunst- und Museumsfreunde

eine eindrucksvolle Zeitreise ins Dresden des 18. Jahrhunderts.

㉓ [C7] **Porzellansammlung** (SKD). Superlative bleiben auch hier nicht aus: Die Porzellansammlung in Dresden ist eine der umfangreichsten der Welt. Ca. 20.000 Stücke aus feinstem Porzellan umfasst die Sammlung, herausragend sind die 151 „Dragonervasen" Augusts des Starken.

❯ **Rüstkammer – Riesensaal und Türckische Cammer (SKD),** im Residenzschloss **⓬**. Seit 2013 ist der Riesensaal im Schloss der neue Schauplatz für die große Sammlung von Prunkwaffen und Kostümen des sächsischen Adels. Den zweiten Teil der Rüstkammer gestaltet die Türckische Cammer, eine der ältesten Sammlungen osmanischer Kunstgegenstände außerhalb der Türkei.

🏛**103** [io] **Schillerhäuschen** (MDD), Schillerstr. 19, Tel. 315810, April–Sept. Sa./So. 10–17 Uhr oder nach Vereinbarung, Eintritt frei. Schillers Wirken und Leben in Dresden wurde nicht nur mit der marmornen Skulptur auf der Hauptstraße ein Denkmal gesetzt, sondern auch mit einem kleinen Museum in dem Loschwitzer Gartenhäuschen, in das er sich zum Arbeiten zurückzog. In Dresden vollendete der Dichter die „Ode an die Freude" und arbeitete an seinem Drama „Don Carlos".

㉖ **Schloss & Park Pillnitz** (SKD). Das Lustschloss und die Sommerresidenz des sächsischen Hofes gewähren eindrucksvolle Einblicke in das mondäne Leben der Kurfürsten und Könige. Neben Schlosspark, Schlossmuseum, Kamelien- und Palmenhaus ist im Berg- und Wasserpalais ein Kunstgewerbemuseum eingerichtet. Der Besucher wird auf eine außergewöhnliche kunsthandwerkliche Zeitreise in eine Welt voller kostbarer Möbel, luxuriöser Einrichtungs- und Alltagsgegenstände aus verschiedenen Epochen mitgenommen.

🏛**104** [A6] **Schulmuseum Dresden,** Seminarstraße 11, Tel. 2130157, www.schulmuseum-dresden.de, geöffnet: Do. 14–18 Uhr, Eintritt: 3 €, erm. 1 €. Einmal die Schulbank drücken wie zu Kaisers Zeiten? Noch mal einen erinnernden Blick auf die Schultüte der 1980er-Jahre werfen können? Das ehrenamtlich geführte Schulmuseum Dresden macht es möglich. In dem ehemaligen Schulgebäude von 1886 fand bis 2002 noch regulärer Unterricht statt, heute sind hier einzelne Klassenräume historisch nachgestellt – vom Ende des 19. Jahrhunderts bis zur DDR-Zeit.

🏛**105** [D7] **Stadtmuseum Dresden** (MDD), Wilsdruffer Straße 2, Tel. 4887301, geöffnet: Di.–So. 10–18, Fr. 10–19 Uhr, Mo. geschl., Eintritt: 5 €, erm. 4 €, Fr. ab 12 Uhr Eintritt frei (außer an Feiertagen). Das Stadtmuseum ist seit 1966 im historischen Landhaus zu Hause, das neben Sächsischem Landtag und Ständehaus das dritte Landtagsgebäude Dresdens ist. Bis 1907 wurde hier getagt, bevor der Landtag ins Ständehaus umzog. Das spätbarocke/klassizistische Gebäude von 1775 hat nicht nur eines der schönsten Treppenhäuser der Stadt, sondern wahrscheinlich auch die hässlichste Fluchttreppenkonstruktion. Das hier untergebrachte Stadtmuseum eröffnete im November 2006 die Dauerausstellung „800 Jahre Dresden": Über 1000 Exponate führen in die Geschichte Dresdens ein. Außerdem gibt es eine umfangreiche Bibliothek (ca. 20.000 Bücher) mit Literatur zur Geschichte der Stadt: geöffnet: Mi. 10–15, Do. 13–18 Uhr und nach Absprache unter Tel. 4887374.

🏛**106** **Straßenbahnmuseum Dresden e. V.,** Trachenberger Straße 38, Tel. 8583598, www.strassenbahnmuseum-dresden. de, aktuelle Termine zu Öffnungszeiten sind der Website zu entnehmen (Voranmeldung erbeten), Eintritt: 3 €, erm. 2 €. Ein Museum, das sich ganz der Straßenbahn in Dresden verschrieben hat. Es sind liebevoll restaurierte Straßenbahnen zu sehen und die Sammlung wird durch Fotos, Baupläne, Dokumentationen etc. ergänzt.

107 [hp] **Technische Sammlungen Dresden** (MDD), Junghansstraße 1–3, Tel. 4887201, www.tsd.de, geöffnet: Di.–Fr. 9–17, Sa./So. 10–18 Uhr, Eintritt: 5 €, erm. 4 €, Fr. ab 12 Uhr frei (außer an Feiertagen), Kinder bis 6 Jahre frei. Im Ernemann-Werk mit dem markanten Turm hatten bis 1992 zwei namhafte Firmen der Foto- und Filmindustrie ihren Produktionssitz – Zeiss-Ikon und später Pentacon. Heute sind hier die Technischen Sammlungen untergebracht: Sächsische Foto-, Industrie- und Technikgeschichte kombiniert mit Sonderausstellungen und einem wortwörtlich zu nehmenden und spannenden „Experimentierfeld".

17 [D7] **Verkehrsmuseum Dresden im Johanneum.** Hier dreht sich alles um die Geschichte der Mobilität auf Straßen, Schienen, zu Wasser und in der Luft. Das ehemalige höfische Stallgebäude hat echte Schätze im Repertoire, so z. B. die älteste original erhaltene Dampflokomotive „Muldenthal".

Kunstgalerien

5 [D7] **Galerie Neue Meister** (SKD). Im Albertinum werden die „Neuen Meister" gezeigt, wobei „neu" hier eher relativ ist, denn die Ausstellung beginnt bei der Romantik. Werke von Caspar David Friedrich, Claude Monet, der Dresdner Künstlergruppe „Die Brücke" und A. R. Penck sind hier zu finden. Absolut sehenswert!

22 [C6] **Gemäldegalerie Alte Meister** (SKD). Die Sixtinische Madonna von Raffael ist der Star der Ausstellung – und genauso ist sie in den Räumen der Galerie „Alte Meister" im Zwinger auch in Szene gesetzt. Weitere namhafte europäische Maler des 15. bis 17. Jahrhunderts

haben der Gemäldegalerie zu Weltruf verholfen. Botticelli, Rubens und Dürer sind nur einige der berühmten Künstler, deren Bilder hier zu bewundern sind.

108 [fm] **Kunstfonds** (SKD), Marienallee 12, Tel. 3140310, www.skd.museum, Besichtigung nur nach telefonischer Anmeldung, Eintritt frei. Wechselnde Ausstellungen mit Schwerpunkt „Sächsische Kunst nach 1945".

7 [D7] **Kunsthalle im Lipsiusbau** (SKD). Im Lipsiusbau an der Brühlschen Terrasse werden wechselne Sonderausstellungen der Staatlichen Kunstsammlungen Dresdens gezeigt.

109 [D5] **Kunsthaus Dresden – Städtische Galerie für Gegenwartskunst,** Rähnitzgasse 8, Tel. 8041456, www. kunsthausdresden.de, Di.–Do. 14–19, Fr.–So., Feiertag 11–19 Uhr, Mo. geschl., Eintritt: 4 €, erm. 2,50 €, Fr. Eintritt frei. Mitten in der alten „Königsstadt" ist die Galerie für internationale Gegenwartskunst zu finden, mit wechselnden Ausstellungen und Veranstaltungen.

❭ **Kupferstich-Kabinett** (SKD), im Residenzschloss **12**. Eine der weltweit größten und bedeutendsten Sammlungen von Zeichnungen, Aquarellen und druckgrafischen Werken.

110 [io] **Leonhardi-Museum,** Grundstraße 26, www.leonhardi-museum.de, geöffnet: Di.–Fr. 14–18, Sa./So. 10–18 Uhr, Eintritt: 4 €, erm. 2,50 €, Kinder unter 6 Jahren frei. Eine kleine „malerische" Welt für sich ist das Leonhardi-Museum in Loschwitz. Im Atelier des spätromantischen Dresdner Landschaftsmalers Eduard Leonhardi (1828–1905) sind seine Werke und die zeitgenössischer Dresdner Maler kunstvoll in Szene gesetzt.

111 [D5] **Museum Körnigreich,** Wallgäßchen 2, www.hans-koernig.de , Tel. 4568193, Mo. und Do.–So. 11–18 Uhr, Eintritt: 3 €, erm. 2 €. Dieses „Körnigreich" ist dem Dresdner Maler und Grafiker Hans Körnig (1905–1989) gewidmet: Große Ölgemälde und eine Vielzahl an Grafiken und Zeichnungen zeigen sein Schaffen in den 1950er-Jahren. Der Künstler hatte hier auch sein Atelier.

㉞ [G10] **Palais Großer Garten.** Das erste barocke Gebäude der Stadt zeigt im restaurierten Erdgeschoss Skulpturen des sächsischen Barock und ist Veranstaltungsort für Konzerte und die Blumen- und Floristikausstellung „Dresdner Frühling im Palais".

❺ [D7] **Skulpturensammlung** (SKD). Bis die Skulpturensammlung ihren endgültigen Standort im Zwinger findet, ist sie im Albertinum zu Hause. Ausgewählte Skulpturen aus fünf Jahrtausenden werden dem Besucher in Schaudepots eindrucksvoll präsentiert.

Ⓖ112 [D7] **Städtische Galerie Dresden – Kunstsammlung (MDD),** Wilsdruffer Straße 2, Tel. 4887301, www.galerie-dresden.de, Di.–So. 10–18, Fr. 10–19 Uhr, Mo. geschl., Eintritt: 5 €, erm. 4 €, Kinder bis 6 Jahre frei, Fr. ab 12 Uhr Eintritt frei (außer an Feiertagen). Die Städtische Galerie im Landhaus legt ihren Schwerpunkt auf Kunst des 19. und 20. Jahrhunderts und hat in der „Neuen Galerie" einen eigenen Raum für Gegenwartskunst.

Kunst unter freiem Himmel

Die Gebäude der historischen Innenstadt sind an sich schon ein Kunstensemble, und wem das neben den vielen Denkmälern und den Skulpturen im Zwinger oder im Großen Garten nicht ausreicht, der findet **im öffentlichen Raum** über die Stadt verstreut an vielen Ecken zusätzlich **moderne Kunstobjekte.** So zum Beispiel die Skulptur **„Die Woge"** (2006, von Tobias Stängel) auf der Augustusbrücke **㊳**, die sich unverkennbar das „Elbehochwasser 2002 – ein Spiegel der Fluten andernorts" zum The-

ma gemacht hat. Der große **„Waterscreen"** (2008) von Rainer Splitt am Postplatz [C7] sorgt im Sommer für Erfrischung, kann aber auch „pur" als Kunstobjekt betrachtet werden.

Sonst weltoffen, zeigt sich der Dresdner mitunter sehr engstirnig, wenn es um neue öffentliche Kunstobjekte in „seiner" Stadt geht. Moderne Objekte stoßen dann gern auf heftige Diskussionen um Sinn und Zweck. Ein aktuelles Beispiel ist die 2011 entstandene Skulptur **„Trichter"** von Franka Hörnschemeyer an der Ecke Dr.-Külz-Ring/Seestraße [C8]. Die Skulptur gewährt Einblick in das Abwassersystem der Stadt und auf die Reste des historischen Seetors. Ein eigenes Urteil kann man sich selbst am besten vor Ort bilden.

Dass die Dresdner aber durchaus auch anders können, war im Mai 2011 in einer witzigen **Flashmob-Aktion** zu erleben. Aufgerufen über das soziale Netzwerk Facebook wurde die in **blauer Farbe** frisch **gestrichene Verkehrsinsel** auf dem **Pirnaischen Platz** kurzerhand von Hunderten gelber **Quietsche-Entchen** „geentert". Die ungewöhnliche Farbe der Verkehrsinsel geht auf eine Initiative der Stadt zurück und soll symbolisieren, dass sich hier in den Ursprüngen Dresdens ein Sumpfgebiet mit Seen befand.

▷ *Auf den Elbwiesen vor barocker Kulisse entspannen*

Dresden zum Träumen und Entspannen

Wer ausgiebig durch die Stadt bummelt und die Sehenswürdigkeiten bestaunt, für den kommt sicher irgendwann der Zeitpunkt, an dem er sich nach einer Verschnaufpause sehnt. Das geht am besten etwas abseits des Trubels und – wenn möglich – in grüner Umgebung. Diese in Dresden zu finden, ist nicht schwer, denn rund zwei Drittel der Stadt sind Wald- oder Grünflächen.

Mitten im Herzen der Stadt macht der **Große Garten** 34 seinem Namen alle Ehre – in dem riesigen Areal lässt es sich prima chillen: mitten auf den Wiesen, auf einer Parkbank oder beim gemütlichen Bootfahren auf dem Carolasee.

Im Altstadtkern findet sich selbst auf der gut frequentierten Brühlschen Terrasse 6 ein ruhiges Plätzchen – z.B. unter schattigen Bäumen im **Brühlschen Garten**. Am **Zwinger-**

teich kann man mit Blick auf den Zwinger 21 und das goldene Kronentor die Seele baumeln lassen.

Auf Neustädter Seite bietet die von **Platanen begrünte Hauptstraße** 42 mit sanft plätschernden Brunnen und schattigen Parkbänken wunderbare Erholungsmöglichkeiten. Etwas ruhiger, abseits des Boulevards, geht es in den **Hinterhöfen der barocken Bürgerhäuser** hinter den Kunsthandwerkerpassagen (s. S. 18) zu. Wer schon früh morgens den Weg hierher findet, der ist vielleicht sogar der erste im kleinen Kräutergarten neben dem Societaetstheater (s. S. 31) und bekommt am Brunnen des Thomae-Pavillons ein exklusives „Badespektakel" der Vögel geboten.

In der Äußeren Neustadt ist der **Alaunpark** [F2/3] die größte grüne Fläche und wird von den Anwohnern gern für allerlei Zerstreuung an

EXTRATIPP

In luftiger Höhe – Ausblicke auf Dresden

Sich in Dresden auf dem Erdboden zurechtzufinden, ist nicht schwer und an Sehenswertem auf Augenhöhe gibt es keinen Mangel. Um das Stadterlebnis noch ein bisschen besonders bzw. abwechslungsreicher zu gestalten, lohnt sich ein **Wechsel der Perspektive**. Es liegt auf der Hand: Es sollte **hoch hinaus** gehen. In Dresden gibt es eine ganze Menge Möglichkeiten, einen Blick von oben auf die Stadt zu werfen – wahlweise per Lift, Bahn oder etwas mühsamer zu Fuß.

Direkt im Altstadtzentrum hat man die Wahl zwischen den Türmen der **Frauenkirche** ❷, der **Kreuzkirche** ❷⓼, dem **Hausmannsturm** des Residenzschlosses ⓬

oder dem **Rathausturm** ❸⓿. Bis auf den Rathausturm mit der höchstgelegenen Aussichtsplattform sind alle nur per Treppenaufstieg erreichbar. Auf Neustädter Seite lädt der Turm der **Dreikönigskirche** ❹⓷ zum Aufstieg ein und außerhalb des Stadtzentrums erklimmt man wahlweise in der **Schwebe- oder Standseilbahn** ❺⓵ sitzend den Elbhang bis zum Aussichtspunkt.

Einen etwas anderen 360°-Panoramablick bekommt man im **Panometer** ❺⓷ im Stadtteil Reick. Auf der imaginären Hofkirche stehend, ist das Dresden des 18. Jh. zu betrachten – auf Leinwand gedruckt in nahezu perfekt historischer Illusion.

019dn Abb.: E

frischer Luft genutzt. Und dann gibt es ja noch die **Elbwiesen**. Sie säumen die sich mitten durch die Stadt schlängelnde Elbe und machen Dresden so besonders. Weitgehend **naturbelassen** sind sie idealer Aufenthaltsort, um träumend im Gras zu liegen, ein kleines Picknick zu genießen oder einfach nur vor traumhafter Kulisse auf einer Bank zu sitzen.

Außerhalb des Stadtkerns sind die **Elbschlösser** ❹⓽ mit ihren **Parkanlagen** kleine Oasen abseits der Touristenströme und das einstige herrschaftliche Lustschloss Pillnitz ❺⓶ mit seinem weitläufigen Park ist nicht nur eine prachtvolle Sehenswürdigkeit, sondern bietet ausreichend Möglichkeiten für kleine und große Pausen inmitten idyllischer Szenerie.

AM PULS DER STADT

002dr Abb.: br

Eine Stadt zwischen Erneuerung, Wandel und Bewahren: Dresden präsentiert sich seinen Besuchern als Stadt mit kurfürstlich-königlicher Geschichte sowie großem architektonischem Erbe und zugleich als moderne, weltoffene Landeshauptstadt im Herzen Europas.

Das Antlitz Dresdens

Dresden, die zweitgrößte Stadt Ostdeutschlands, liegt am südöstlichen Rand **Sachsens** – an den Ausläufern des Osterzgebirges, der Oberlausitz und des Elbsandsteingebirges. Auf einer Fläche von 328 km² bettet sich die Stadt in das **Elbtal** und an dessen Hänge. Die **Elbe** schlängelt sich unter einer Handvoll Brücken hindurch und trennt die Neustadt auf der rechten von der Altstadt auf der linken Flussseite. Überall gibt es **grüne Oasen** und wer dem Stadttrubel entfliehen möchte, erholt sich entweder auf den Elbwiesen, in einer der schönen Parkanlagen oder macht einen Spaziergang in der Dresdner Heide. Letztere, im Nordosten Dresdens gelegen, ist die größte geschlossene grüne Fläche und zugleich „hauseigener Stadtwald". 62 Prozent des Stadtgebiets nehmen Grün- und Waldflächen ein, damit zählt Dresden zu den **grünsten Großstädten Europas.** Nur 20 km stromaufwärts begeistert das **Elbsandsteingebirge** mit pittoresken Felsformationen und lädt zu ausgedehnten Wanderungen oder Klettertouren ein.

Selbst alteingesessene Dresdner erliegen dem **Charme** ihrer Stadt immer wieder aufs Neue, z. B. bei einem Spaziergang über die Augustusbrücke vom Neustadtufer hinüber in die Altstadt. Von der Brücke bietet sich ein toller Blick auf die **barocke Silhouette** der Stadt mit dem Schloss, der Hofkirche, der Brühlschen Terrasse und der großen Kuppel der Frauenkirche. Sie vervollständigt seit 2005 die „Skyline" Dresdens und hat in kurzer Zeit auch viele ihrem Wiederaufbau skeptisch gegenüberstehende Menschen überzeugt.

Dresden wird oft mit vollmundig klingenden Namen versehen, etwa **„Florenz des Nordens"** oder **„barocke Perle an der Elbe"** und natürlich bietet die Stadt wunderschöne Barock-, Renaissance- und Klassizismusbauten sowie einzigartige Kunstsammlungen. Dresden ist aber mehr

In Dresden nachgezählt

› 1.000.000.000 Euro bringen die **Touristen** jährlich in die Stadt.

› 2.500.000 Besucher kamen 2013 zum **Striezelmarkt** (s. S. 14).

› 1.500.000 Objekte umfassen die **Staatlichen Kunstsammlungen Dresden** (s. S. 31).

› 12.000 Tonnen wiegt die **Kuppel der Frauenkirche** ❷.

› 8425 **Originalsteine** wurden für den Wiederaufbau der Frauenkirche genutzt.

› 3000 Quadratmeter Fläche misst die illusionistische **Leinwandkulisse im Panometer** ❺❸.

› 890 Hektar **öffentliches Grün** hat Dresden zu bieten.

› 272 „**Grüne Pfeile**" sind derzeit an Dresdens Ampeln angebracht – das macht Dresden deutschlandweit zur Nr. 1 in Sachen „Grüner Pfeil".

› 78 **Heiligenfiguren** blicken von der Hofkirche ❶❹ herab.

› 5 Minuten dauert eine Fahrt in der **Schwebe- oder Standseilbahn** ❺❶.

O18dn Abb.: br

als nur „Barock": Die Elbmetropole ist auch ein **traditionsreicher Wirtschaftsstandort.** Zu DDR-Zeiten war die Stadt das Zentrum der Mikroelektronik und heute ist sie die wichtigste deutsche Produktionsstätte der Halbleiterindustrie („Saxony Valley"). Außerdem sind in Dresden die größte Technische Universität (die TU Dresden) Deutschlands sowie zahlreiche Forschungseinrichtungen wie das Fraunhofer-, das Leibniz- oder das Max-Planck-Institut ansässig.

Die **Bombenangriffe** im Zweiten Weltkrieg im Februar 1945 haben **irreparable Schäden** im Stadtbild hinterlassen – vor allem im historischen Stadtkern. Vergleichsweise wenige Gebäude konnten wieder aufgebaut werden, einige Ruinen blieben als Mahnmal bestehen. Große Löcher und Brachflächen wurden zum Teil mit den Bausünden des DDR-Regimes „gestopft". Seit der Wiedervereinigung Deutschlands hat sich das Stadtbild jedoch stetig verändert. Dabei versuchen die Verantwortlichen eine Gradwanderung zwischen dem Festhalten an alter Baukultur und dem Mut, Neues zu integrieren: **Zeitgemäße urbane Architektur** bestimmt z. B. den neu gestalteten Teil zwischen Rathaus und Hauptbahnhof. Der Neumarkt beeindruckt und überrascht hingegen als **historisch-moderne Rekonstruktion** rund um die in hellem Sandstein erstrahlende Frauenkirche. Der moderne Kubus der Neuen Synagoge passt sich optisch an die historischen Sandsteinfassaden an, besteht aber tatsächlich aus hell gefärbtem Beton. **Offen und transparent** zeigen sich das neue Landtagsgebäude, das Kongresszentrum und die Gläserne Manufaktur von Volkswagen (s. S. 82).

▱ *Die Frauenkirche* ❷ *im Mittelpunkt des rekonstruierten Neumarkts*

◁ *S. 39: Kunst zu Ehren eines Bildhauers – das Rietschel-Denkmal auf der Brühlschen Terrasse* ❻

Auf dem rechten Elbufer finden sich ebenso wie in der Altstadt schöne Beispiele barocker Bauten. Denn die **Innere Neustadt** (s. S. 87) blieb westlich der Hauptstraße vom Krieg weitgehend verschont. Östlich davon wurden auf der zerstörten Fläche Plattenbauten hochgezogen. Die **Äußere Neustadt** (s. S. 96) schließt sich nördlich des Albertplatzes und der Bautzner Straße an. Hier ist die lebendige, vielfältige Kultur- und Künstlerszene von Dresden zu finden, außerdem gibt es zahlreiche Kneipen, Klubs und Bars, die bis weit in die Nacht und den Morgen Gäste anziehen.

Dresden ist viel bunter, viel irritierender und viel gegensätzlicher als man gemeinhin annimmt: Gründerzeithäuser, Plattenbausiedlungen, Barockpracht, hochmoderne Stahl- und Glastempel – alles ist im Stadtbild irgendwie vereint.

Von den Anfängen bis zur Gegenwart

Die erste schriftliche Erwähnung findet Dresden 1206 mit einem Satz aus der Feder des Markgrafen von Meißen, der mit seinem Schiedsspruch einen Konflikt beilegte: „acta sunt hec Dresdene" – „geschehen sind diese Dinge zu Dresden".

Die Ursprünge der Stadt liegen im frühen Mittelalter an einer Furt der Elbe nordöstlich des einstigen großen erzgebirgischen Urwaldes. Hier lebten zu beiden Seiten des Flusses **slawische Sumpfwaldleute**, die sogenannten **Dreždany**. Dass die Sumpfwaldleute allerdings nicht die ersten waren, die den Dresdner Raum für sich entdeckten, belegen ca. 6000

Jahre alte Ausgrabungsfunde – die Besiedlungsgeschichte des Dresdner Elbtals beginnt also schon in der Jungsteinzeit.

Zehn Jahre nach der ersten urkundlichen Nennung erhält Dresden **1216** das **Stadtrecht**. Unter Wettiner Einfluss wächst die kleine mittelalterliche Siedlung aus dem Schatten von Meißen heraus und entwickelt sich zur prächtigen Renaissancestadt.

Kurfürst und König **August der Starke** (s. S. 60) gestaltet die Stadt um 1700 mehr und mehr zur **barocken Kunst- und Kulturmetropole** aus – ein Mythos wird begründet. Er haftet Dresden bis heute an, obwohl doch eigentlich die Architektur des ausgehenden 19. und des 20. Jahrhunderts die Stadt dominiert.

Bis zum Ausbruch des **Zweiten Weltkriegs** gilt Dresden als eine der schönsten Städte Europas – reich an prachtvollen Gebäuden, voller Kunstschätze und idyllisch am Elbufer gelegen. Die Stadt wird jedoch während **massiver Luftangriffe** alliierter Bomber, die vom 13. bis zum 15. Februar 1945 andauern, fast vollständig zerstört, übrig bleibt eine Wüste aus Trümmern und Ruinen.

In der Zeit zwischen 1945 und 1990 liegen weite Flächen der Stadt brach, manche Gebiete werden mit Nachkriegsbauten versehen. Ausgewählte historische Gebäude werden rekonstruiert, so z. B. die Semperoper **⑲**. Seit der Wiedervereinigung 1990 versucht die Stadt einen Spagat zwischen historisch korrektem Wiederaufbau, dem Ausbessern sozialistischer Bausünden und moderner Stadtgestaltung.

▷ *Die prägende Figur der Stadt: August der Starke (s. S. 60)*

1.–6. Jh. Keltisch-germanische Niederlassungen im Elbtal

um 600 Gründung slawischer Siedlungen

929 Der ostfränkische König Heinrich I. lässt die Burg Meißen errichten.

1089 Heinrich I. aus dem Adelsgeschlecht der Wettiner wird Markgraf von Meißen. Der Markgraf baut eine Burg auf dem Taschenberg, in deren Nähe sich Kaufleute ansiedeln.

1206 Erste urkundliche Erwähnung als „Dresdene" in einem Schiedsspruch des Markgrafen von Meißen

1216 Dresden erhält von Markgraf Dietrich das Stadtrecht.

1287 Die erste Steinbrücke überspannt an der Stelle der heutigen Augustusbrücke die Elbe.

1349 In und um Meißen und in Dresden wütet die Pest. Die Epidemie dient als Vorwand für einen Pogrom gegen Juden.

1403 Das rechtselbische Altendresden (heute die Innere Neustadt) erhält durch Wilhelm I. das Stadtrecht, bleibt aber rechtlich unselbstständig.

1413 Die markgräfliche Burg am heutigen Schlossstandort wird erstmals schriftlich erwähnt.

1429 Während der Hussitenkriege wird Altendresden in Brand gesetzt.

1434 Kurfürst Friedrich der Sanftmütige erlaubt der Stadt, an einem Tag in der Woche und zur Weihnachtszeit (später Striezelmarkt) einen Fleischmarkt abzuhalten.

um 1440 Etwa 3000 Menschen wohnen in Dresden, in Altendresden werden ca. 1000 Einwohner gezählt.

1485 „Wettinische Teilung": Die Söhne von Friedrich dem Sanftmütigen, Kurfürst Ernst und Herzog Albrecht, teilen wegen unüberbrückbarer Differenzen das Wettinische Territorium auf. Albrecht wählt das Herzogtum Sachsen, Ernst wird Kurfürst von Thüringen. Infolge der Teilung wird Dresden zur Residenzstadt des Herzogtums Sachsen.

1491 Im linkselbischen Dresden wütet eine Feuersbrunst – mehr als die Hälfte der Gebäude wird zerstört.

1521 In Dresden wird die Bannbulle von Papst Leo X. gegen Luther bekannt gegeben, es kommt zu Unruhen.

1535 Der Georgenbau, das erste Renaissancegebäude in Dresden, wird fertiggestellt.

1539 Herzog Heinrich der Fromme führt nach dem Tod seines Bruders, Herzog Georg des Bärtigen, in Dresden die Reformation ein. Georg sprach sich zeitlebens gegen die Reformation aus.

1547 Die „Moritzzeit" beginnt: Herzog Moritz lässt sich im Juni 1547 zum Kurfürsten ausrufen. Er gilt als Verräter des protestantischen Glaubens („Judas von Meißen"). Dresden wird ständige Residenz der Albertinischen Wettiner.

1548–1556 Kurfürst Moritz lässt das alte burgartige Schloss zum Renaissanceschloss umgestalten.

1549 Um wirtschaftliche Streitigkeiten beizulegen, verliert Altendresden seine Selbstständigkeit und wird Dresden unterstellt.

020dn Abb.: br

Von den Anfängen bis zur Gegenwart

1631 Dreißigjähriger Krieg: Altendresden hält einem Überfall der Kroaten erfolgreich stand.

1678 Der erste Barockbau der Stadt entsteht: das Palais im Großen Garten.

1685 Erneut gibt es einen großen Brand in Altendresden. Fast die gesamte Stadt wird zerstört, ihr Wiederaufbau (zur Neuen Königstadt) erfolgt nach völlig neuem Konzept und dauert mehrere Jahrzehnte.

1694 Friedrich August I. (August der Starke) wird Kurfürst von Sachsen. Zahlreiche prächtige Bauten entstehen in und um Dresden. Friedrich Augusts Herrschaft und die seines Sohnes Friedrich August II. gilt als Glanzzeit der Stadt und geht als Augusteisches Zeitalter in die Geschichte ein.

1697 August der Starke konvertiert zum Katholizismus, um König von Polen werden zu können.

1733 August der Starke stirbt in Warschau.

1756 Der Preußenkönig Friedrich II. nimmt Dresden ein. Ausbruch des Siebenjährigen Krieges, Sachsen wird wiederholt zum Schauplatz blutiger Kämpfe.

1772 In Dresden leben ca. 54.000 Menschen.

1807 Napoleon erhebt Kurfürst Friedrich August den Gerechten zum König und Sachsen wird Königreich.

1809 Die Festung um die Stadt wird aufgebrochen und das Stadtbild öffnet sich.

1849 Revolution! Der Maiaufstand auf dem Altmarkt – der Ruf des Volkes nach Demokratie – wird blutig niedergeschlagen.

ab 1870 Wirtschaftlicher Aufschwung in Dresden, namhafte Wirtschaftsunternehmen sind in der Stadt ansässig, der König-Albert-Hafen macht Dresden zur Hafenstadt. Die Zahl der Bürgerhäuser im überwiegend höfisch geprägten Stadtbild wächst ständig, die größte Kasernenstadt Deutschlands, die Albertstadt, entsteht.

1875 Etwa 200.000 Einwohner leben in Dresden, 20 Jahre später sind es schon ca. 350.000.

um 1900 Dresden ist eine der bedeutenden Metropolen im Deutschen Kaiserreich.

1904 König Georg stirbt, die Monarchie in Sachsen kommt ins Wanken.

1905 Viele Vororte werden nach Dresden eingemeindet. Die Stadt hat über 500.000 Einwohner und wird zur viertgrößten Stadt des Deutschen Kaiserreichs.

1905 Vier Architekturstudenten (Ernst-Ludwig Kirchner, Karl Schmidt-Rottluff, Fritz Bleyl und Erich Heckel) gründen in Dresden die expressionistische Künstlergruppe „Die Brücke". Dresden entwickelt sich zum Zentrum des deutschen Expressionismus.

1914 Ausbruch des Ersten Weltkriegs. Friedrich August III. verzichtet am 9. November 1918 auf den Thron und besiegelt damit das Ende der Monarchie in Sachsen.

1919 Sachsen wird nach der Auflösung des Königreichs zum Freistaat mit Dresden als Landeshauptstadt.

1933 Machtübernahme der Nationalsozialisten

1938 Während des Novemberpogroms wird die Dresdner Synagoge zerstört.

1942/1945 Die Dresdner Juden werden nach Theresienstadt und Auschwitz deportiert.

13. Februar 1945 Bombenangriffe der Alliierten. Das historische Dresden und Teile der Inneren Neustadt werden in Schutt und Asche gelegt (mind. 20.000 Tote).

7. – 8. Mai 1945 Die Rote Armee besetzt die Stadt. Eine Zeit zwischen Trümmern und Wiederaufbau steht bevor.

1949 Gründung der DDR

1952 Auflösung der Länder, die DDR wird in 14 Bezirke unterteilt, Dresden wird Hauptstadt des „Bezirks Dresden".

Die Waldschlösschenbrücke

„Färdsch" - so titelte die Sächsische Zeitung Ende August 2013. Nach sechsjähriger Bauzeit konnte die Waldschlösschenbrücke eröffnet werden. Die moderne, 635 Meter lange Brücke hatte viele Jahre die Gemüter von Befürwortern und Gegnern erhitzt und stand im Kreuzfeuer der Kritik. 2009 gipfelte die Entrüstung über den Bau in der Aberkennung des UNESCO-Welterbetitels „Kulturlandschaft Dresden". An der breitesten Stelle der Dresdner Elbauen [C5] verbindet sie die Radeberger Vorstadt mit der Johannstadt.

Seit dem Brückenstreit kennt übrigens auch jeder in Dresden die sogenannte Kleine Hufeisennase. Sie ist eine vom Aussterben bedrohte Fledermaus in den Elbauen und bekam durch den Brückenbau nicht nur große mediale Beachtung, sondern brachte ihn auch drei Monate lang zum Erliegen. Nachts denken die Autofahrer noch immer an sie, denn zu ihrem Schutz gilt Tempo 30 auf der Brücke.

1953 Walter Ulbricht legt am Altmarkt den Grundstein für die „sozialistische Großstadt" Dresden. Das historische Dresden wird entkernt und nach und nach wieder bebaut. Sozialistisch geprägte Gebäude entstehen: Bauten an der Prager Straße, der Fernsehturm, der Kulturpalast und unzählige eintönige Plattenbausiedlungen.

17. Juni 1953 Volksaufstand gegen das SED-Regime. Auch in Dresden finden Demonstrationen statt.

1956 Die Sowjetunion gibt erbeutete Kunstschätze zurück. Die Gemäldegalerie kehrt heim nach Dresden.

1977 Beginn des Wiederaufbaus der Semperoper

1985 Wiedereröffnung der Semperoper. 200.000 Dresdner feiern auf dem Theaterplatz.

1989 40 Jahre DDR – die Unzufriedenheit mit dem Regime hat ihren Höhepunkt erreicht. In der Nacht zum 5. Oktober finden die Auseinandersetzungen rund um den Hauptbahnhof statt. Die Mauer fällt.

1990 „Ruf aus Dresden" in die Welt – mit dieser Schrift setzt sich eine Bürgerbewegung für den Wiederaufbau der Frauenkirche ein.

1990 Dresden wird Landeshauptstadt des Freistaates Sachsen.

1993 Beginn des Wiederaufbaus der Frauenkirche

2002 Das erste Jahrhunderthochwasser trifft Dresden. Der höchste Pegelstand der Elbe in Dresden liegt bei 9,40 m.

2004 Das Dresdner Elbtal wird UNESCO-Weltkulturerbe.

2005 Die „steinerne Kuppel" erhebt sich wieder über der Stadt. Die Frauenkirche wird feierlich geweiht und komplettiert die Dresdner Stadtsilhouette.

2006 Dresden feiert seinen 800-jährigen Geburtstag.

2009 Brückenstreit: Die UNESCO erkennt wegen des Baus der Waldschlösschenbrücke Dresden den Welterbetitel ab.

2013 Das zweite Jahrhunderthochwasser überschwemmt einige äußere Stadtteile von Dresden. Die Altstadt bleibt weitestgehend verschont.

2014 Der Dresdner Hauptbahnhof wird zum schönsten Bahnhof Deutschlands gekürt.

2015 Die Bombenangriffe auf Dresden Ende des Zweiten Weltkrieges jähren sich zum siebzigsten Mal – Würdigung und Gedenken mit Sonderveranstaltungen.

Leben in der Stadt

Als **Landeshauptstadt des Freistaates Sachsen** ist Dresden das politische Zentrum des Bundeslandes. In der Stadt haben der Sächsische Landtag, die Sächsische Staatskanzlei und alle Landesministerien ihren Sitz. Tag für Tag wird hier Politik gemacht. Helma Orosz (CDU) regiert seit dem 1. August 2008 als **Oberbürgermeisterin** und leitet die Stadtverwaltung. Sie wird von sieben Beigeordneten der unterschiedlichen Geschäftsbereiche, den sieben Bürgermeistern, unterstützt. Dass und wie sie Dresden entwickeln, sehen die Dresdner jeden Tag: **Es wird gebaut** – auf den Straßen der Stadt, rund um den Neumarkt und nicht zuletzt die Waldschlösschenbrücke. Der geplante Umbau des Kulturpalastes, des zentralen Veranstaltungsortes zwischen Neu- und Altmarkt, wird wegen der Finanzierung und offener Detailplanungen in den kommenden Jahren weiterhin die Gemüter erhitzen.

Der **kulturelle Reichtum** der Stadt lässt sich ohne einen Blick in die Vergangenheit und ohne die Erinnerung an die Künstler, Musiker, Schriftsteller, Architekten, Forscher und Wissenschaftler, die Dresden geprägt haben, kaum erfassen. Die Stadt lebt jedoch nicht nur im Hier und Jetzt oder verharrt in der Erinnerung an ihre Geschichte. Sie entwickelt sich weiter. Dresden ist **Kunst- und Kulturstadt**, aber auch ein **Technologiestandort** mit **neun Hochschulen** und der **Technischen Universität** mit mehr als 45.000 Studierenden (Mitte 2013). Konnte Erich Kästner noch behaupten, Leipzig sei die Wirklichkeit und Dresden das Märchen, so darf und muss Dresden längst beides für sich reklamieren.

Immer mehr Menschen wollen in Dresden leben und ihre Zukunft verbringen, die Stadtbevölkerung wächst. Dresden verzeichnet **mehr Zu- als Wegzüge** bei einer weiterhin hohen Geburtenrate. **537.125 Menschen** leben nach Angaben der Meldebehörde in der Stadt (Sommer 2014). Dresden liefert sich seit Jahren mit Leipzig ein Kopf-an-Kopf-Rennen, wer mehr Einwohner hat. Wer es sich leisten kann, wohnt am Elbhang im Weißen Hirsch, in Blasewitz und Strießen. Studenten zieht es in die Äußere Neustadt und das Hechtviertel. Durchschnittlich leben auf einem Quadratkilometer des Stadtgebiets 1600 Einwohner. Die am dichtesten besiedelten Stadtteile sind Blasewitz und Cotta, beide befinden sich auf dem linken Elbufer. Der Norden und Teile des äußeren Südwestens sind deutlich „luftiger" bewohnt. Die Stadt rühmt sich zu Recht ihrer Kirchen, in Dresden sind jedoch 80 Prozent der Bevölkerung **nicht konfessionell gebunden**. Knapp vier Prozent der Dresdner Einwohner kommen aus **fremden Kulturen** – damit liegt die Stadt deutlich unter dem Bundesdurchschnitt von ca. acht Prozent. Den größten Anteil der Dresdner mit ausländischen Wurzeln nehmen dabei Staatsangehörige aus Russland, der Ukraine und Vietnam ein.

Der **Tourismus** mit fast **einer Milliarde Euro Umsatz** ist ein wichtiger Wirtschaftsfaktor und sichert 20.000 Arbeitsplätze in der Stadt: 2013 kamen 1,96 Millionen Gäste nach Dresden, die meisten davon aus Deutschland. Bei den Besuchern aus dem Ausland kamen die meisten aus den USA, gefolgt von Gästen aus der Schweiz und Österreich.

Noch wichtiger als der Tourismus sind mit mehr als 40.000 Arbeits-

Säggs'sch (Sächsisch)

Das eleganteste Sächsisch wird natürlich in Dresden gesprochen - nu glor! Völlig unverständlich gehört der sächsische Dialekt zu den unbeliebtesten in ganz Deutschland und wird oft ganz fürchterlich **verhohnepipelt.** *Vielleicht ist es ja die Angst vor „seiner Doppeldeutigkeit und philosophischen Tiefe", die „subversives Potenzial" in sich birgt, so der Journalist und Autor Peter Ufer in seinem „Gogelmosch - Dem Wörterbuch der Sachsen".*

Freuen Sie sich drauf, wenn Sie von einem waschechten Sachsen eine kleine Lektion in sächsischer Sprachkunde bekommen - ganz ohne großen **Sums.** *Wenn er* **nuschln** *sollte, dann liegt es vielleicht nur daran, das er ein* **Bongsel** *im Mund hat und deshalb etwas undeutlich spricht.* **Rähchnwährmorrgriechn,** *könnte die Antwort sein, wenn sie nach dem Wetter fragen. Und wenn er das Bier* **bubsch** *schimpft, dann schmeckt es fad.*

Eiforbibsch, *wird sich jetzt vielleicht so mancher denken, aber Sächsisch macht Spaß, lassen Sie sich drauf ein und erwidern sie eine Frage gern mal mit einem beherzten „nu" statt dem schnöden „ja". Aber versuchen Sie bloss nicht, das Sächsisch gänzlich nachzuäffen, denn solche Versuche enden meist kläglich und könnten Ihr Gegenüber ganz schön meschugge machen.*

> *„Der Große Gogelmosch - Das Wörterbuch der Sachsen" - edition Sächsische Zeitung, 2010*
> *Lyrisch verpacktes Sächsisch bekommt man z. B. bei Lene Voigt in „Säk'sche Glassigger", rororo Taschenbücher, 1990.*

plätzen die **Mikroelektronik** und die **Informations- und Kommunikationstechnologie.** Mehr als sieben Milliarden Euro sollen seit 2002 in Dresden in diese Bereiche investiert worden sein.

Den **typischen Dresdner** gibt es eigentlich nicht. Die Stadt hat viele Facetten und so unterschiedlich sind die Menschen, die hier leben. Durch die vielen Studenten liegt der **Altersdurchschnitt mit 43,1 Jahren** niedriger als im restlichen Sachsen, wo die Menschen im Schnitt 45,9 Jahre alt sind. Und die Dresdner sind selbstbewusst. Der italienische Schriftsteller Umberto Eco brachte es auf den Punkt: „Die Dresdner fragen einen gar nicht, ob einem die Stadt gefällt. Sie sagen es einem."

Dresden – ein Erinnerungsort

Der viel beschworene „Mythos Dresden", so es ihn denn gibt, lässt sich nur schwer beschreiben. Dass die Stadt ein deutscher Erinnerungsort ist, scheint jedoch außer Frage zu stehen: kurfürstliche Residenz, Schönheit der Barock-Architektur, Imaginationszentrum der Romantik, Zerstörung im Zweiten Weltkrieg, sozialistische Bezirkshauptstadt.

2015 jährt sich zum 70. Mal das Ende des Zweiten Weltkriegs und die **Bombardierung** der Stadt durch die Alliierten. Diskussionen und Auseinandersetzungen darüber, wie an die Zerstörung angemessen erinnert werden kann, prägen die Stadt bis heute. Als in der Nacht des 13. Februar 1945 769 Lancaster-Maschinen der Royal Air Force Dresden überflogen, warfen sie mehr als 2600 Tonnen Bomben ab, am 14. Februar folgten 311 Kampfflieger der Amerikaner mit weiteren 700 Tonnen. Danach glich Dresden einer Trümmerwüste. Mindestens 20.000 Menschen kamen ums Leben. Von der einst glanzvollen Stadt blieb nur eine Ruinen-Landschaft übrig. Die Panoramaprojektion „Dresden 1945" im **Panometer 53** macht dies beklemmend anschaulich.

Wenn nun aber jedes Jahr am 13. Februar um 21.45 Uhr in Dresden die Kirchenglocken erklingen, dann läuten sie zum Gedenken und gegen das Vergessen der Opfer von Krieg und Gewaltherrschaft und fordern dazu auf, dass diese Erinnerung nicht von Neonazis für ihre Zwecke missbraucht werden darf.

Eine wichtige Erinnerungsstätte ist das 2011 eröffnete Militärhistorische Museum **54** in der Albertstadt. Aus dem langgestreckten klassizistischen Bau ragt ein **80 m langer und 30 m hoher Keil** heraus. Die Architektur des Amerikaners Daniel Libeskind

und die Museumskonzeption sind gleichermaßen beeindruckend: Im Mittelpunkt der Ausstellung steht der Mensch – als Täter, Opfer, Zuschauer, Soldat und Zivilist. Gewalt wird als historisches, anthropologisches und kulturelles Phänomen thematisiert. Einfache Antworten gibt es hier nicht. Das Museum wagt darüber hinaus ganz bewusst den Brückenschlag zwischen Vergangenheit und Gegenwart, denn die Keilspitze zeigt auf das Stadion am Ostragehege. Dort markierten die alliierten Bomber mit Leuchtmunition am 13. Februar 1945 das Zielgebiet ihres Angriffs, der in einem 40°-Winkel geflogen wurde. Genau diesen Winkel nimmt der Libeskind-Keil auf.

2015 jährt sich auch zum 25. Mal die deutsche Wiedervereinigung. Die Erinnerung an die DDR hat in Dresden in der **Gedenkstätte Bautzner Straße** (s. S. 32), der einstigen Stasi-Zentrale der Stadt, ihren Platz. Seit 2014 präsentiert sich die Gedenkstätte mit erweiterten Ausstellungsräumen.

☑ *Ausschnitt aus dem Panorama DRESDEN 1945 von Yadegar Asisi, Visualisierung © asisi*

DRESDEN ENTDECKEN

Rund um den Neumarkt

Wo sonst sonnt es sich so exklusiv wie im Glanz der Frauenkirche? Die wieder aufgebaute Sandsteinschönheit dominiert ganz klar die historische Altstadt um den Neumarkt. Ringsherum füllen von Jahr zu Jahr immer mehr neue Gebäude mit barocken Fassaden den lange Zeit leerstehenden Raum. Man flaniert auf Kopfsteinpflaster und Geschäfte, Cafés und Restaurants laden zum Verweilen ein.

Auf der Brühlschen Terrasse schlendert man am Albertinum, der Kunstakademie, der Sekundogenitur und dem Ständehaus vorbei und wird nur beim Blick in den offenen Hof der Festung Dresden gewahr, dass man sich eigentlich auf der jahrhundertealten Stadtbefestigung befindet.

1 Neumarkt ★★ [D7]

Hier ist der Name Programm. Fast alles rings um den Neumarkt ist neu, und das, obwohl der Platz schon seit mehreren Hundert Jahren besteht. Die Stadt wuchs Anfang des 16. Jh. in östlicher Richtung und der Abriss der alten Stadtmauer schuf Raum für einen neuen, einen **zweiten Marktplatz** – den Neumarkt. Nicht überraschend: Von da an hieß der ältere, ursprüngliche Marktplatz Altmarkt.

Der Neumarkt entwickelte sich mit seinem **einzigartigen Ensemble barocker Bürgerhäuser** und gekrönt von der Kuppel der Frauenkirche **2** zum Herzstück des historischen Dresden.

◁ *Vorseite: Die Sandsteinfigur an der Hauptstraße* **42** *wirft einen Blick auf die Altstadt*

Beim **Bombenangriff** im Februar 1945 wurde der Platz jedoch nahezu vollständig zerstört und was noch stand, fiel in der DDR bis 1962 der Enttrümmerung zum Opfer. Eine **Brachfläche** mit der Ruine der Frauenkirche als **Mahnmal** gegen den Krieg entstand. Mit den Plänen des Wiederaufbaus der Frauenkirche wuchs Mitte der 1990er-Jahre nun ebenso der Wunsch, dem Neumarkt sein altes Gesicht wiederzugeben. Mit **historisch anmutenden Fassaden** vor hochmodernen Gebäudekernen wird seitdem versucht, Geschichte zu rekonstruieren. Die Ergebnisse sind vielfach beeindruckend, doch das Baukonzept ist nicht unumstritten, denn es hat den Beigeschmack von Kulissenbau für ein Dresden, das es so nicht mehr gibt.

In insgesamt **acht Quartiere** ist das städtebauliche Konzept des neuen Neumarkts gegliedert. Hinter den neuen „alten" Fassaden entstehen nach und nach Hotels, Restaurants und Einkaufsmöglichkeiten. Zwei bemerkenswerte Denkmäler befinden sich ebenfalls auf dem Platz: **Martin Luther** vor der Frauenkirche und **König Friedrich August II. von Sachsen** vor dem Steigenberger Hotel de Saxe.

❯ www.neumarkt-dresden.de,
   Tramhaltestelle: Altmarkt

2 Frauenkirche ★★★ [D7]

Die Frauenkirche ist zentraler Bestandteil der Dresdner Stadtsilhouette – oder genauer: Sie ist es wieder. Am 30. Oktober 2005 feierten Dresdner gemeinsam mit Besuchern die Weihe des wiederaufgebauten Gotteshauses.

Die ursprüngliche Planung und den Bau der Frauenkirche verdankt Dresden einem Mann, von dem kein ein-

Die Frauenkirche in Zahlen

> **Abmessungen:** 50,02 m Länge (West-Ost) und 41,96 m Breite (Nord-Süd)
> **Gesamthöhe** (einschließlich Turmkreuz): 91,23 m
> **Höhe der Kuppel:** 24 m
> **Außendurchmesser Kuppel:** 26,15 m
> **Kuppelmauerwerk:** zwischen 1,19 und 1,75 m stark
> **Höhe der Besucherplattform:** 67,06 m
> **Emporen:** 5
> **Sitzplätze:** 1818
> **Orgel:** 67 Register und 4876 Orgelpfeifen
> **Glocken:** 8
> **Größte Glocke:** „Jesaja" (Friedensglocke), Durchmesser: 140,4 cm, Gewicht: 1750 kg

ziges Portrait überliefert ist, dessen „Steinerne Glocke" aber fast die ganze Welt kennt: **George Bähr** (1666–1738). Dem Dresdner Ratszimmermeister stand auf dem Neumarkt ❶ nicht viel Platz zur Verfügung, als ihn die Stadt 1722 mit dem Neubau des langsam verfallenden Vorgängerbaus der Frauenkirche beauftragte. Diese Kirche trug den Namen „Unserer Lieben Frau" und ihre Geschichte reicht bis ins 11. Jahrhundert zurück. Viele Möglichkeiten hatte Bähr im Grunde nicht. Die Enge des Neumarkts zwang ihn zu einem Zentralbau mit **quadratischer Grundfläche.**

Die Anerkennung und den Applaus der protestantischen Bürger Dresdens für die repräsentative Kirche, die sie sich herbeigesehnt hatten, konnte Bähr nicht mehr persönlich entgegennehmen. Er starb fünf Jah-

re vor ihrer Fertigstellung. 1743 vollendete sein langjähriger Mitarbeiter Johann Georg Schmidt das Bauwerk. Und mit der 1754 neu geweihten Katholischen Hofkirche ⓮ war Dresden in der Mitte des 18. Jh. „auf einen Schlag" um **zwei nagelneue Kirchen** reicher.

Während der Bauzeit der Frauenkirche gab es immer wieder die Frage, ob die steinerne und nicht wie anfangs geplant hölzerne **Kuppel** zu schwer sein könnte für die acht Mittelpfeiler, die sie tragen sollten. Doch Mittelpfeiler und Kuppel hielten – und wie. Die Bombardierung im Jahr 1760 im Siebenjährigen Krieg durch

⌂ *Das „Sandsteinpuzzle"*
Frauenkirche

preußische Kanoniere überstand die Frauenkirche unversehrt und Preußens König Friedrich II. soll gesagt haben: „Laßt den ollen Dickkopp stehen."

Nach der Nacht vom 13. auf den 14. Februar 1945, der Nacht des Bombenangriffs der Alliierten und dem darauffolgenden Feuersturm, der durch die Stadt fegte, war die Dresdner Innenstadt ein Ruinenmeer. Nur die Frauenkirche ragte aus den Trümmern heraus – Bombenhagel und Feuer hatten ihr dem Anschein nach nichts anhaben können. Doch der äußere Schein trog. Das Feuer hatte nicht nur die hölzerne Innenausstattung zerstört, sondern auch den Sandstein stark beschädigt. Die Tragfähigkeit der Pfeiler hatte so sehr darunter gelitten, dass sie am 15. Februar dem tonnenschweren Gewicht der Kuppel nicht mehr standhielten und die Frauenkirche in sich zusammenbrach.

In den nachfolgenden Jahren blieb die Frauenkirche – aus finanziellen wie städtebaulichen Gründen – **Ruine und Mahnmal.** Mit der deutschen Wiedervereinigung 1990 gründete sich eine engagierte Bürgerinitiative für einen Wiederaufbau der Frauenkirche und wandte sich mit dem „**Ruf aus Dresden**" an die Weltöffentlichkeit. In den darauf folgenden Jahren wurden so über 100 Millionen Euro an Spendengeldern zusammengetragen. Die Gesamtkosten des Wiederaufbaus betrugen 182,6 Mio. Euro.

1993 begann man mit der **Enttrümmerung** des 22.000 m³ großen Ruinenberges. Alle brauchbaren Sandsteinstücke wurden akribisch sortiert, vermessen und dokumentiert. Danach standen die Bauarbeiter vor einem gigantischen **Sandsteinpuzzle** und sie schafften tatsächlich das

Kunststück, mehr als 8000 der alten Steine in die neue Bausubstanz zu integrieren – sie sind deutlich durch die dunklere Färbung erkennbar.

Die „Aufräumarbeiten" förderten auch einige Überraschungen zu Tage: das verloren geglaubte **Turmkreuz** und die gut erhaltenen Utensilien der Putzfrau der Frauenkirche. Das alte, stark beschädigte Turmkreuz steht heute als Mahnmal im Kirchenschiff. Die Kuppel krönt ein neues Kreuz – ein **Geschenk Großbritanniens,** übergeben durch den Herzog von Kent. 2005 wurde die Frauenkirche mit begeisterten Dresdnern und Besuchern **feierlich geweiht.**

Außen wie innen erstrahlt sie wieder in ihrem **alten Glanz.** Der Innenraum mit den fünf gestaffelten Emporen leuchtet in hellen Farben, die große **Innenkuppel** zieren acht kunstvoll bemalte Felder mit den vier Evangelisten Matthäus, Markus, Lukas und Johannes und den vier Tugenden Glaube, Liebe, Hoffnung und Barmherzigkeit. Der **barocke Altar** – ein Kunstwerk von Johann Christian Feige – konnte fast vollständig wiederhergestellt werden. Die meisterhafte Silbermannorgel, auf der kein Geringerer als Johann Sebastian Bach eines der ersten Konzerte gab, wurde 1945 komplett zerstört. Die neue **moderne Orgel** mit 4876 Orgelpfeifen steht der alten in nichts nach – von ihrer enormen Klangkraft kann man sich bei einem Konzert oder einer Orgelandacht überzeugen. Nur ab und an löst die neue alte Kirche eine kleine Irritation aus, nämlich dann, wenn die **fehlende Patina** bemerkt wird, die alte Kirchenhäuser normalerweise überzieht.

Die Frauenkirche ist etwas Besonderes in Dresden: Ihre bewegte Geschichte und ihre imposante

Erscheinung machen sie zu einem eindrucksvollen **Symbol für Frieden und Versöhnung** und lässt Dresdner wie Besucher ins Schwärmen geraten – egal ob man sie nur von Weitem sieht, vor ihr auf dem Neumarkt steht oder in ihrem Kirchenraum sitzt.

❯ www.frauenkirche-dresden.de, tägl. 10–12 u. 13–18 Uhr (außer bei Veranstaltungen), Eintritt frei (Spende erbeten), Tramhaltestelle: Altmarkt

❯ **Kuppelaufstieg** (über Eingang G, gegenüber Coselpalais ❸, Zugang per Fahrstuhl bis zum Wendelgang, dann Aufstieg über 127 Stufen): März–Okt. Mo.–Sa. 10–18 Uhr, So. 12.30–18 Uhr, Nov.–Feb. Mo.–Sa. 10–16, So. 12.30–16 Uhr, Eintritt: 8 €, erm. 5 €

❯ **Zentrale Kirchenführung** nach einer Andacht oder Vesper, Mo.–Sa. 12, Mo.–Mi. u. Fr. 18 Uhr, Dauer: ca. 50 Min., Eintritt frei (Spende erbeten)

❸ Coselpalais ★ [D7]

Graf Friedrich August von Cosel, der Sohn der Gräfin Cosel, der Mätresse Augusts des Starken, ließ das **Rokokopalais** genau an der Stelle, an der bis 1744 der Pulverturm der Stadt stand, erbauen, wohnte hier allerdings nie.

Der berühmte Oberlandbaumeister Johann Christoph Knöffel hatte nach dem Abriss des Pulverturms auf dem Gelände zwei Bürgerhäuser errichtet, von denen er das eine selbst bewohnte. Bereits 1760 wurden aber beide Häuser durch den Artilleriebeschuss Friedrichs II. stark in Mitleidenschaft gezogen. Graf Friedrich August von Cosel kaufte das Grundstück – und besaß nun zwei beschädigte Häuser. Der von ihm beauftragte Baumeister **Christoph Gotthard Schwarze** schuf aus zwei Bürgerhäusern ein Adelspalais: Er baute einen neuen Eingang und lagerte dem Gesamtgebäude

zwei niedrige Seitenflügel vor. Diese beiden Seitenflügel überstanden die Bombardierung im Februar 1945 – zusammen mit den Sandsteinpostamenten – und wurden 1976/77 restauriert und als Büroräume genutzt. Die **Fundamente des ehemaligen Pulverturms** konnten 1995 freigelegt werden und das Gewölberestaurant heißt heute noch so: Pulverturm.

❯ Tramhaltestelle: Altmarkt

❹ Kurländer Palais ★ [E7]

Nach dem Wiederaufbau der Frauenkirche ❷ im Jahr 2005 fragten sich viele Besucher der Stadt, was es denn mit der nahegelegenen Ruine auf sich habe: Das Kurländer Palais war bis 2008 die **letzte verbliebene Kriegsruine** in der Dresdner Innenstadt.

Das einstige **Gouverneurshaus** erlitt seit seinem Bau im Jahr 1718 mehrere Blessuren, besonders aufsehenerregend war wohl ein **Brand** im Jahr 1728. Der Hausbesitzer, Christoph Graf von Wackerbarth, hatte damals keine Geringeren als den preußischen König Friedrich Wilhelm I. und den Kronprinzen Friedrich, den späteren **Friedrich den Großen**, zu Gast. Die illustre Gesellschaft kam mit dem Schrecken davon und blieb zum Glück unversehrt, aber das Haus ging in Flammen auf.

Im Laufe der Zeit wurde der Bau für die verschiedensten Zwecke genutzt. Von 1980 bis 1997 war z. B. in den Kellergewölben die legendäre Dresdner **Jazz Club Tonne** untergebracht. Knapp zehn Jahre später begann man mit der Rekonstruktion des kriegszerstörten Gebäudes und machte es zum **Tagungs- und Veranstaltungsort**. Seinen Namen verdankt das Kurländer Palais übrigens dem Enkel Augusts des Starken, dem Prinzen Karl von Sachsen, Herzog von Kurland.

> Tzschirnerplatz 3–5, Tramhaltestelle: Synagoge, www.kurlaender-palais.com

❺ Albertinum (Galerie Neue Meister und Skulpturensammlung) ★★★ [D7]

Das 1559 erbaute Zeughaus, damals eines der größten Arsenalbauten in Europa, widmet sich heute als Ausstellungsgebäude nicht mehr kriegerischen Zwecken, sondern ausschließlich den schönen Künsten.

Als 1877 ein neues Arsenal in der Albertstadt entstanden war, wollte man das alte Zeughaus zunächst abreißen. **König Albert** entschied sich aber gegen den Abriss und ließ es zu einem **Museum für die Skulpturensammlung** umgestalten. Von außen erhielt das Gebäude ein der Zeit entsprechendes neues architektonisches Gewand im Stil des **Historismus.**

Nach den Kriegsschäden von 1945 an Schloss und Zwinger fehlte es an Raum für die vielen Kunstschätze der Stadt und so wurden im Albertinum von 1959 bis 2004 u. a. auch Teile der Sammlung des Grünen Gewölbes ausgestellt. Das **Elbehochwasser** im Jahr 2002, das auch das Albertinum schwer in Mitleidenschaft zog, gab Anlass für einen Umbau und eine Neukonzeption der Ausstellung. 2010 öffnete das neu gestaltete **Museum der Moderne** seine Pforten. Der Architekt Volker Staab entwarf mit dem weitläufigen, 17 Meter hohen Lichthof und den zwei neuen Stockwerken eine „Arche für die Kunst".

In „Dresdens Wunderkammer der Gegenwart" (Die Zeit) zeigen die **Galerie Neue Meister** und die **Skulpturensammlung** Werke von der Romantik bis zur Gegenwart: u. a. Gemälde von Caspar David Friedrich, Claude Monet und den Brücke-Künstlern sowie Skulpturen von Auguste Rodin, Ernst Rietschel etc. Bis zu ihrem Umzug in den Zwinger ❷ in einigen Jahren sind außerdem ausgewählte Teile der **Antikensammlung** in eindrucksvollen gläsernen Schaudepots zu bestaunen.

Wer detaillierte Informationen zu den einzelnen Kunstwerken bekommen möchte, der sollte unbedingt das Angebot des im Eintrittspreis enthaltenen **Audioguides** annehmen – es lohnt sich.

> Tzschirnerplatz 2, Tramhaltestelle: Synagoge, Eingang über Brühlsche Terrasse o. Georg-Treu-Platz, Tel. 49142000, www. skd.museum, Di.–So. 10–18 Uhr, Eintritt inkl. Audioguide 10 €, erm. 7,50 €, Kombiticket Albertinum u. Kunsthalle im Lipsiusbau 12,50 €, unter 17 Jahren frei

023dn Abb.: br

▷ *Blick auf die Brühlsche Terrasse*

❻ Brühlsche Terrasse ★★★ [D6]

Diese „Terrasse" sprengt alle Dimensionen, mehr als einen halben Kilometer lang und bis zu 200 Meter breit thront sie zehn Meter über der Elbe auf der ehemaligen Festungsanlage zwischen Brühlschem Garten und Schlossplatz, auf den die 41 Stufen der großen Freitreppe hinunterführen. Auf dem „Balkon Europas" kommt der Besucher in den Genuss eines besonderen Ausblicks: Im Vordergrund lassen sich die Elbraddampfer bestaunen, auf der anderen Elbseite liegt die Neustadt, die Villenstadtteile Loschwitz und Weißer Hirsch geraten elbaufwärts, die Große Kreisstadt Radebeul mit ihren Weinhängen elbabwärts in den Blick. Die Weitläufigkeit der Promenade lädt zum Flanieren ein, die Perspektive verändert sich dabei ständig.

Kurfürst Friedrich August II., der Sohn Augusts des Starken, schenkte seinem Premierminister **Graf Heinrich von Brühl** (1700–1763) einst das weitläufige Areal. Der Graf nutzte von 1739 bis 1748 die Gelegenheit, an zentraler Stelle mehrere Repräsentationsbauten erstehen zu lassen: Gemäldegalerie, Bibliothek und ein Palais. Von den barocken „Brühlschen Herrlichkeiten" selbst ist nicht mehr viel zu sehen, die Gebäude wurden mit der Zeit abgerissen oder umgebaut. Heute dominieren hier Gebäudefassaden aus der Zeit des **Historismus:** Albertinum ❺, Kunstakademie ❼ und Ständehaus ❾, einzige Ausnahme bildet die Sekundogenitur ❽, ein zierliches **Rokokobauwerk.**

Die Brühlsche Terrasse ist wohl der schönste und größte „Balkon" in Europa und zudem für jedermann frei zugänglich. Bis 1814 war sie noch dem sächsischen Adel vorbehalten, heute ist der Besucher herzlich zum **herrschaftlichen Flanieren** und Genießen eingeladen.

Im **Brühlschen Garten,** der kleinen grünen Parkanlage im Ostteil der

Brühlschen Terrasse, gibt es einige Kleinode, die es zu entdecken lohnt, u. a. den fröhlich plätschernden **Delphinbrunnen**, das **Böttgerdenkmal** – ein Portrait Johann Friedrich Böttgers (s. S. 72) aus echtem Meissner Porzellan – sowie das **Caspar-David-Friedrich-Denkmal**, eine drei Meter hohe Edelstahlskulptur, die das Atelier des Künstlers darstellt. Der scharfsichtige Besucher entdeckt im Terrassengeländer (zur Synagoge hin) den **Daumenabdruck Augusts des Starken** – der Legende nach soll der sächsische Kurfürst einst mit dieser markanten Delle im Eisen seiner Kraft einen bleibenden Ausdruck verliehen haben.

❯ Tramhaltestelle: Synagoge oder Theaterplatz

07-4dn Abb.: br

❼ **Kunstakademie und Kunsthalle im Lipsiusbau** ★ **[D7]**

Die **Kunstakademie** ist das größte Gebäude auf der Brühlschen Terrasse und durch die einzelnen Gebäudeteile vielmehr ein Gebäudekomplex. Der Architekt Constantin Lipsius schuf den mächtigen, vierflügeligen Bau von 1887 bis 1894 als neue **Ausbildungs- und Ausstellungsstätte**. Dominiert wird er von der ihn überragenden großen, **gefalteten Glaskuppel** mit der **goldenen Skulptur der Fama** (Göttin des Ruhms) auf ihrer Spitze. Die moderne Kuppel zog bei ihrem Bau den Unmut der Bürger auf sich, heute gehört sie aber unabdingbar zum Dresdner Stadtbild und trägt im Volksmund den schelmischen Beinamen „Zitronenpresse".

Eine Hälfte des Gebäudes ist heute nach wie vor der **Hochschule für Bildende Künste Dresden** vorbehalten. Künstlergrößen wie Canaletto oder Caspar David Friedrich nahmen hier als Dozent oder Professor einen Lehrauftrag wahr und brachten der Dresdner Kunstakademie internationale Anerkennung. Den anderen Teil, den von der Glaskuppel gekrönten **Lipsiusbau**, nutzen die **Staatlichen Kunstsammlungen** als Raum für wechselnde Ausstellungen.

Zwischen der Kunstakademie und der Sekundogenitur ❽ – direkt vor der Treppe, die zur Münzgasse [D7] hinunterführt, kann die **Sieben-Bastionen-Plastik** (1990, Vincenz Wanitschke) bestaunt werden. Ein Kunstobjekt, das an die sieben Bastionen der Dresdner Stadtbefestigung erinnert, die nach Sonne, Mond und fünf Planeten benannt wurden und hier mit charakteristischen Symbolen und Weisheiten gestaltet sind.

⬀ *Im Brühlschen Garten: Johann Friedrich Böttger in Meissner Porzellan*

❯ **Hochschule für Bildende Künste Dresden**, Brühlsche Terrasse 1, Tramhaltestelle: Synagoge, www.hfbk-dresden.de. **Kunsthalle im Lipsiusbau**, Tel. 49142000, www.skd.museum, geöffnet: Di.–So. 10–18 Uhr, Eintritt variiert je nach Sonderausstellung: 5 €, erm. 4 €, Kombiticket Albertinum u. Kunsthalle am Lipsiusbau 12,50 €

❽ Sekundogenitur ★ [D7]

An das monumental anmutende Ständehaus ❾ schließt im Osten die Sekundogenitur an – ein heiteres, eher zierliches **Rokokogebäude** mit heller Fassade und hellgrünem Kupferdach. Bis Ende des 19. Jh. nahm diesen Platz die Brühlsche Bibliothek ein. Nach ihrem Abriss entstand aus der Hand von Hofbaumeister Gustav Fröhlich das neue Gebäude und wurde zunächst von Prinz **Johann Georg**, dem Zweitgeborenen in der Thronfolge, für die **Ausstellung der königlichen Kupferstichsammlung** genutzt. Sein „Rang" verlieh dem Gebäude den bis heute geläufigen Namen: Sekundogenitur. Heute ist hier ein Café untergebracht.

KLEINE PAUSE
Café Vis-à-Vis

Das Hotel Hilton führt in der Sekundogenitur das Café Vis-à-Vis, das durch eine kleine Brücke fest mit dem Hotel verbunden ist. Im Sommer kann man an Tischen direkt auf der Brühlschen Terrasse Platz nehmen und bei einem Stück Kuchen aus der hauseigenen Patisserie die Flaneure beobachten.

🚩 113 [D7] **Café Vis-à-Vis**, An der Frauenkirche 5 bzw. Brühlsche Terrasse, Tel. 8642837, Mo.–Fr. ab 10.30 Uhr, Sa./So. ab 9.30 Uhr

Auf der Brühlschen Terrasse, unmittelbar vor der Sekundogenitur, steht das **Rietscheldenkmal**, eine Bronzestatue zu Ehren des **Bildhauers Ernst Rietschel** (1804–1861) mit drei symbolhaften Reliefs für Geschichte, Poesie und Religion und drei lebensgroßen sitzenden Knaben, die bildhauerische Tätigkeiten zeigen: Zeichnen, Meißeln und Modellieren.

❯ Brühlsche Terrasse, Tramhaltestelle: Theaterplatz

❾ Ständehaus ★ [D6]

Ende des 19. Jh. wurde es den sächsischen Volksvertretern im Landhaus (heute Stadtmuseum, s. S. 34) an der Wilsdruffer Straße zu eng. Ein neues Parlamentsgebäude musste her. Der gewählte neue Standort in unmittelbarer Nähe zu Schloss und Hofkirche und der mit dem Neubau beauftragte Architekt **Paul Wallot** (1841–1912) zeigen, welche Bedeutung man dem neuen Ständehaus beimaß. Wallot, der Architekt des Reichstagsgebäudes in Berlin, war seit 1894 Professor an der Dresdner Kunstakademie. Er entwarf an der Stelle des Brühlschen Palais, das abgetragen wurde, einen trapezförmigen und **monumental anmutenden Bau**. Der massige Turm mit der vergoldeten „Saxonia" auf seiner Spitze symbolisierte das Selbstbewusstsein der **Volksvertretung** und ist seither ein markanter Bestandteil der Stadtsilhouette.

Nach 1945 blieb vom Ständehaus nur eine Ruine, an eine Nutzung als Landtag war nicht zu denken. Eine **umfassende Rekonstruktion** ließ das Gebäude wiedererstehen. Heute sind hier das Landesamt für Denkmalpflege und das Sächsische Oberlandesgericht untergebracht. Einige Räume nutzt der Landtagspräsident für repräsentative Zwecke.

> Schloßplatz 1, Tramhaltestelle: Theaterplatz

⑩ **Festung Dresden (Kasematten)** ★★ [D6]

„Unvermutet und geheimnisvoll" – der Leitspruch der Kasematten bringt es auf den Punkt, denn den meisten Besuchern ist nicht gewahr, dass sie, während sie über die Brühlsche Terrasse ⑥ schlendern, die **alten Festungsmauern Dresdens** aus dem **16. Jh.** unter sich haben. Einige der betagten Zeitzeugen wie Ziegeltor, Wachstube und Kanonenhöfe sind erhalten geblieben und können besichtigt werden.

Wem die alten Mauern allein noch nicht eindrucksvoll genug sind – der im Eintritt enthaltene Audioguide erläutert anschaulich, wie es vor 500 Jahren in der Festungsanlage zugegangen sein mag.

> Georg-Treu-Platz 1, Tramhaltestelle: Synagoge oder Theaterplatz, Zugang von der Brühlschen Terrasse aus über Treppenabstieg zwischen Albertinum ⑤ und Kunstakademie ⑦, Tel. 438370320, www.festung-dresden.de, März–Okt. Mo.–Fr. u. So. 10–18 Uhr, Nov.–Feb. 10–17 Uhr, Führungen nur Sa., Eintritt inkl. Audioguide: 5 €, erm. 2,50 €
> **Kostümführung:** „Mit der Stadtkommandantin durch die Festung Dresden" jeden ersten So. im Monat 16.30 Uhr, Ticket 7 € pro Pers.

⊡ *König-Johann-Denkmal, Katholische Hofkirche ⑭ und Schloss ⑫ bei Nacht*

⑪ **Synagoge** ★★ [E7]

Die **alte Synagoge**, die Gottfried Semper 1838 bis 1840 erbaut hatte, brannten die Nationalsozialisten in der **Pogromnacht** des 9. November 1938 nieder. Nur der **Davidstern** blieb erhalten, der heute den Eingang der neuen Synagoge schmückt. Einer der Feuerwehrmänner, die nicht löschen durften, sondern nur das Übergreifen der Flammen auf benachbarte Häuser zu verhindern hatten, rettete ihn und gab ihn der Gemeinde zurück. An das ehemalige Gotteshaus erinnern heute ein **Gedenkstein** und ein im Hof in den Boden eingelassenes, mit Glasscherben gefülltes Rechteck.

Die **neue Synagoge** weihte die Jüdische Gemeinde am 9. November 2001 ein, 63 Jahre nach dem Pogrom. Der **in sich gedrehte Kubus** und die 34 nach außen hin fensterlosen Quaderschichten – Fenster gibt es nur zum Innenhof – wirken hermetisch, irritierend und faszinierend zugleich: Die Drehung des Gebäudes ist ein **architektonischer Clou** und stellt gleichzeitig die kluge Lösung eines Problems durch den Grundstücksschnitt dar. Erst die oberste Quaderschicht ist – für ein jüdisches Gotteshaus notwendig – exakt nach Osten ausgerichtet, in Richtung des Jerusalemer Tempelberges. Die neue Synagoge mit ihrer an Sandstein erinnernden Betonfassade gehört zum modernen, zukunftsorientierten Stadtbild Dresdens.

> Hasenberg 1, Tramhaltestelle: Synagoge, www.freundeskreis-synagoge-dresden.de, Tel. 6560720, öffentliche Führungen So.–Do. (außer an hohen jüdischen Feiertagen) – aktuelle Termine sind im Internet zu finden (www.hatikva.de), Eintritt 4 €, erm. 2,50 €

Das Schlossensemble

Im und rings um das Residenz-schloss erwarten den Dresdenbesu-cher prachtvolle Zeugnisse des alten königlich-herrschaftlichen Glanzes. Üppig gefüllte, kulturelle „Schatz-kammern" und beeindruckende Bau-werke laden ein, in den Reichtum und das mondäne Leben des sächsi-schen Hochadels einzutauchen.

⓬ Residenzschloss ★ ★ ★ [C7]

Die einstige Residenz der sächsi-schen Kurfürsten und Könige hat sich stetig verändert – je nach Mo-narch, neuem Machtanspruch und den jeweiligen Moden in Kunst und Architektur wuchs und wandelte sich das Residenzschloss.

Zuerst **einfache Burg** (Ende des 13. Jh. erstmals erwähnt), wurde das Gebäude ab Mitte des 16. Jh. zum **Renaissanceschloss** umgebaut. Die prächtig gestaltete Fassade, die Schlosshöfe und der markante Haus-mannsturm an der Nordwestseite machen es zu einem der bedeutends-ten Schlossanlagen dieser Epoche. Bis 1945 war der **Hausmannsturm** mit 100,27 Metern übrigens der höchste Turm Dresdens, danach wur-de ihm dieser Rang durch den Rat-hausturm ⓿ abgelaufen.

Mit dem Ende der Monarchie in Sachsen im November 1918 er-reichte das Kapitel „Königliche Re-sidenz" sein Finale. Der Name Re-sidenzschloss blieb aber bestehen. Nachdem das Schloss im Zweiten Weltkrieg fast völlig zerstört worden war, baute man es nach und nach zur „Residenz der Kunst und Wis-senschaft" wieder auf. Heute ist das Schloss **Ausstellungsort** und zugleich das Herzstück der **Staatlichen Kunst-sammlungen Dresden**. Hier sind das Kupferstich-Kabinett, das Grüne Ge-wölbe ⓭ und die Rüstkammer mit Riesensaal und Türckischer Cam-mer zu besichtigen. Die Sammlung des **Kupferstich-Kabinetts** umfasst über eine halbe Million Zeichnungen, Aquarelle und druckgrafische Werke, was sie zu einer der weltweit größ-ten und bedeutendsten Sammlun-gen dieser Art macht. Picasso, Dürer,

075dn Abb.: br

August der Starke

*Von allen sächsischen Herrschern ragt einer besonders heraus: August der Starke (geb. 12. Mai 1670 in Dresden, gest. 1. Februar 1733 in Warschau) - **Kurfürst Friedrich August I. von Sachsen und König August II. von Polen.** Ob in Form des prächtigen Standbildes Goldener Reiter ❹ oder in den wilden Geschichten, die sich um ihn ranken - in Dresden sind August der Starke und die Spuren seiner Regentschaft stets präsent. Und das aus gutem Grund, denn einige der bedeutendsten Bauten wie Zwinger, Frauen- und Hofkirche sind auf seine Initiativen zurückzuführen. Er und sein Sohn Friedrich August II., von Architektur und Kunst begeistert, formten Dresden zu einer prachtvollen barocken Residenzstadt. Sie begründeten mit der in die Geschichte als **Augusteisches Zeitalter** eingegangenen Epoche auch den Mythos vom barocken Dresden.*

*Dass August der Starke als **Zweitgeborener** 1694 mit 24 Jahren die Kurfürstenwürde erhielt, verdankte er ausschließlich dem frühen Tod seines älteren Bruders. Eigentlich nie für eine autoritäre Monarchenrolle gedacht,* *lagen seine herausragenden Erfolge auch ganz und gar nicht in Politik, Wirtschaft und Militär, sondern nahezu ausschließlich im Bereich **Kunst und Kultur.***

*Wie in der damaligen Zeit unter den europäischen Regenten „en vogue", bezog auch August der Starke seine Inspirationen für **höfischen Absolutismus** vom Maßstäbe setzenden Sonnenkönig Ludwig XIV. Man könnte mutmaßen, dass August in seinem Wirken ohne den französischen Herrscher undenkbar gewesen wäre. Dessen **Machtdemonstration** in all ihren Facetten faszinierte und prägte den sächsischen Kurfürsten in großem Maße.*

*Der sächsische Regent liebte dreierlei: **Porzellan, Architektur** und natürlich **Frauen.** Um seine Manneskraft ranken sich die wildesten Gerüchte. Man schreibt dem sächsischen Kurfürsten sage und schreibe 354 Kinder zu. Für diese Zahl findet man allerdings nirgends stichhaltige Beweise, tatsächlich nachgewiesen sind neun Kinder, eins mit seiner Frau Christiane Eberhardine, der Prinzessin von Brandenburg-Bayreuth, und acht uneheliche*

Rembrandt und Toulouse-Lautrec sind nur einige der zwanzigtausend internationalen Künstler, deren Werke hier versammelt sind.

Seit dem 15. Jh. haben die wettinischen Herrscher die in der Rüstkammer ausgestellten **Ritterrüstungen, Harnische und Prunkwaffen** gesammelt. Seit Februar 2013 wird diese Sammlung im neu gestalteten Hauptsaal des Schlosses, dem **Riesensaal,** präsentiert. Was es mit den mittelalterlichen Ritterspielen und Turnieren, den Hetzjagden und Hoffesten auf sich hatte, wird hier sehr anschaulich: Eine Rüstung schützte den Ritter im Kampf, eine Prunkrüstung repräsentierte aber durch die handwerkliche Qualität und die Kunstfertigkeit der Ausführung die Stellung und den Rang. Ein Beispiel dafür ist der Prunkharnisch für Mann und Pferd, den der Antwerpener Goldschmied Eliseus Libaerts 1563/64 für den schwedischen König Erik XIV. schuf. Sehenswert: Das Kurschwert von Moritz von

Kinder mit verschiedenen Mätressen. Mit der Gräfin Anna Constantia von Brockdorff, der späteren Gräfin von Cosel, hatte er sogar drei Kinder.

*Ebenso wie bei seiner Potenz gibt es die farbenprächtigsten Geschichten zu seiner angeblichen **physischen Stärke** – die Palette reicht von zerbrochenen Hufeisen und verbogenen Münzen bis hin zum mit dem Daumen eingedrückten Eisengeländer auf der Brühlschen Terrasse ❻.*

*Zunächst „nur" Kurfürst, liebäugelte er mit einem viel größeren Titel, dem des Königs. Für die **Königswürde** konvertierte er sogar zum Katholizismus, um sich 1697 zum König von Polen krönen lassen zu können. Damit entsetzte er nicht nur die protestantische sächsische Bevölkerung, sondern nahm auch den endgültigen Bruch mit seiner Ehefrau Christiane Eberhardine in Kauf, die ihm und Dresden fortan den Rücken kehrte.*

Mit 63 Jahren starb der sächsische Kurfürst und König von Polen, schwer zuckerkrank, in Warschau – der Legende nach soll er sich im Tode selbst die Augen geschlossen haben.

Sachsen (1547–1553), der Dresden zur kurfürstlichen Residenz machte.

Die Bezeichnung Riesensaal, man könnte vermuten, er hieße aufgrund seiner Dimension von 57 Metern Länge und 13 Metern Breite so, geht übrigens auf die damals auf die Fensterpfeilen aufgemalten Riesen zurück.

In der **Türckischen Cammer** ist eine der ältesten Sammlungen osmanischer Kunstgegenstände außerhalb der Türkei zu bestaunen. Schon allein wegen des kunstvoll bestick-

ten, sechs Meter hohen und zwanzig Meter langem aufgespannten Dreimastzelts lohnt sich ein Besuch.

Das Schloss ist trotz historisch genauer Rekonstruktion auch ein gelungenes Beispiel für die Einbindung **moderner Architektur in historische Bausubstanz.** Aus Ermangelung eines richtigen Foyers wurde der kleine Schlosshof 2009 in Firsthöhe mit einem selbsttragenden **transparenten Membrandach** aus Folienkissen überdacht. Luftig leicht umspannt das Dach nun den Hof und fügt sich harmonisch in das Schlossgefüge ein, so als wäre es schon immer da gewesen. Kunstvoll ist auch die **Sgraffito(Kratzputz)-Fassade** des großen Schlosshofes. Sie wird nach und nach liebevoll restauriert und ist bald wieder vollständig zu bestaunen.

Ein Muss für alle, die Treppen nicht scheuen: Oben vom Hausmannsturm hat man einen wunderschönen **Panoramablick** über die Dächer der Stadt, bei klarem Wetter reicht die Sicht sogar bis in die Sächsische Schweiz.

❯ Eingang: Sophienstraße/Taschenberg 2 oder Schlossstraße/Löwentor, Tramhaltestelle: Theaterplatz oder Postplatz, Tel. 49142000, www.skd.museum, tägl. 10–18 Uhr, Di. geschl., Eintritt (gilt für Neues Grünes Gewölbe, Rüstkammer im Riesensaal, Türckische Cammer, Fürstengalerie, April–Okt. Hausmannsturm, Sonderausstellungen im Kupferstich-Kabinett, nicht für Historisches Grünes Gewölbe ⓭) inkl. Audioguide: 12 €, erm. 9 €, unter 17 Jahren frei. Die Aussichtsplattform des Hausmannsturms in 38,62 m Höhe (222 Stufen) kann auch separat besichtigt werden, Eintritt 5 €, erm. 4 €, April–Okt. tägl. 10–18 Uhr, Di. geschl. (letzter Aufstieg ca. 17.30 Uhr)

❯ Die Öffnungszeiten des Kupferstich-Kabinetts variieren je nach Sonderausstellung, tägl. 10–18 Uhr, Di. geschl.

⓭ Grünes Gewölbe ★ ★ ★ 　　[C7]

Die malachitgrüne Farbgestaltung der Wände in den Gewölberäumen des Residenzschlosses war einst Inspiration bei der Namensgebung. Seit 1547 ist das Grüne Gewölbe Aufbewahrungsort für die Kostbarkeiten des sächsischen Hofes. August der Starke erweiterte die vier Räume umfassende Wunderkammer um acht weitere Gewölbe und machte die Sammlung 1724 für die Öffentlichkeit zugänglich.

Im Zweiten Weltkrieg wurde das Residenzschloss schwer beschädigt und die Sammlung obendrein Kriegsbeute der Sowjetischen Armee. Erst 1958 kehrte sie wieder zurück nach Dresden. Umfassende Rekonstruktionen und Umgestaltungen folgten. Den Besucher erwartet nun wieder eine **üppig gefüllte Schatzkammer**, aufgeteilt in **zwei eigenständige Ausstellungen**: das Historische Grüne Gewölbe und das Neue Grüne Gewölbe.

Die 1730 durch August den Starken zur Inszenierung seines Reichtums und seiner Macht entstandene Sammlung des **Historischen Grünen Gewölbes** (**Barocke Schatzkammer**) umfasst Schätze aus Gold, Bronze, Bernstein und Elfenbein sowie mit Juwelen und Edelsteinen besetzte Schmuckstücke. 2006 ist die Sammlung wieder an ihren Ursprungsort in das Erdgeschoss des Westflügels zurückgekehrt. Eine Besonderheit: Die rund 3000 prunkvollen wie wertvollen Objekte werden frei stehend präsentiert, also ganz ohne störendes Vitrinenglas. Dafür muss man am Eingang durch eine Sicherheitsschleuse.

Im 1. Stock des Residenzschlosses ist das **Neue Grüne Gewölbe** (**Museum für Schatzkunst**) ansässig. Hier gibt es neben unzähligen anderen Kostbarkeiten auch die außergewöhnlichen, filigranen Goldschmiedearbeiten des Hofjuweliers Dinglinger wie den „Hofstaat des Großmoguls" oder „Das Goldene Kaffeezeug" zu bestaunen. Absolut einmalig sind außerdem der mit 185 Gesichtern beschnitzte Kirschkern und die Hutagraffe mit dem grünen Diamanten.

> **Historisches Grünes Gewölbe,** Erdgeschoss, Eintritt (inkl. Audioguide): 12 €, Kinder unter 17 Jahren frei, Achtung: Zeitticket (Eintritt innerhalb eines bestimmten Zeitfensters), tägl. 10 – 18 Uhr, Di. geschl., Tipp: Kombiticket „Residenzschloss mit Zeitticket Historisches Grünes Gewölbe" 21 €
> **Neues Grünes Gewölbe,** 1. Obergeschoss, Eintritt u. Öffnungszeiten siehe Residenzschloss ⓬

⓮ Kathedrale Ss. Trinitatis (Katholische Hofkirche) ★ ★ ★ 　[D6]

Gemeinsam mit der Frauenkirche ❷ prägt die Kathedrale Sanctissimae Trinitatis die unverwechselbare Silhouette von Dresden. Sie ist mit einer Grundfläche von über 4800 m² der größte Kirchenbau Sachsens.

Mitte des 18. Jahrhunderts schuf der italienische Architekt **Gaetano Chiaveri** mit der Hofkirche ein bedeutendes Werk des Spätbarocks. Dass inmitten des protestantischen Zentrums von Sachsen ein **katholisches Bauwerk** entstand, resultiert aus dem politischen Machtwillen Augusts des Starken. Er war 1697 zum Katholizismus übergetreten, um König von Polen werden zu können, und wollte seinen neuen Glauben in der Öffentlichkeit repräsentiert sehen. Realisiert wurde der Kirchenbau jedoch erst unter seinem Sohn Friedrich August II.

1739 wurde der Grundstein für die Hofkirche gelegt – direkt zwi-

Canalettos Dresden

Bernardo Bellotto, genannt **Canaletto**, *war ein italienischer Maler, der die Stadt Dresden einfühlsam und realistisch in ihrem Barockglanz in Bildern festhielt und damit nicht nur ihren Mythos weiter festigte, sondern gleichzeitig authentische Vorlagen für die in der Neuzeit notwendige Rekonstruktion der zerstörten Stadt lieferte. Seinen Künstlernamen lieh er sich von seinem Mentor und Onkel Giovanni Antonio Canal, einem venezianischen Vedutenmaler.*

Im Jahr 1746 folgte der junge Canaletto dem Ruf des sächsischen Kurfürsten an dessen Hof nach Dresden. Der Sohn Augusts des Starken, Friedrich August II., begeistert für italienische Kunst und Architektur, engagierte den 24-Jährigen für ein exorbitantes Jahresgehalt von 1750 Talern - das höchste damals einem Künstler gezahlte Honorar - und ließ ihn die Residenzstadt mittels **großformatiger Stadtansichten** *(Veduten) „dokumentieren". Während seiner zwei Aufenthalte in Dresden von 1746 bis 1759 und 1761 bis 1767 schuf Canaletto zwei Vedutenserien. Eine für den Kurfürsten und eine für den Grafen von Brühl. Zusätzlich fertigte er von allen Gemälden stets aktuell gehaltene Radierungen an.*

Eine Besonderheit seiner meisterhaft dargestellten Stadtansichten ist die Staffage seiner Bilder. Sie ist nicht rein willkürlich, sondern genaue Beobachtung und Abbildung und damit **Dokumentation des Alltags** *im Dresden des 18. Jahrhunderts.*

Sein zweiter Aufenthalt in Dresden war durch den Tod des Kurfürsten und das Ableben des Grafen von Brühl von weniger Ruhm gekrönt. Der hochdotierte Künstler verlor nicht nur seine beiden Fürsprecher, sondern wurde damit konfrontiert, dass seine Malerei nicht mehr zeitgemäß war. Die 1764 neu gegründete Kunstakademie Dresden fand nur bedingt Beachtung für Canaletto und stellte ihn lediglich als Dozent für die Thematik „Perspektive" ein. Drei Jahre später kehrte er deshalb Dresden den Rücken und ging nach Warschau an den Hof des polnischen Königs, Stanisław II. August. Dort lebte und arbeitete er bis zu seinem Tod im Jahr 1780.

Zu den wohl bekanntesten und auch heute noch anhand der bestehenden Bausubstanz gut nachvollziehbaren Veduten von Dresden zählen **„Dresden vom rechten Elbufer unterhalb der Augustusbrücke"** *- allgemein als „Canaletto-Blick" bekannt (Standpunkt in Höhe des Hotels Bellevue) -,* **„Dresden vom linken Elbufer oberhalb der Augustusbrücke"** *(Standpunkt auf der Brühlschen Terrasse* ➏*, Höhe Kunstakademie) und* **„Der ehemalige Zwingergraben in Dresden"** *(Standpunkt am Nordwestzipfel des Zwingerteichs). Dank einer erfolgreichen Spendenaktion konnte der „Canaletto-Blick" umfassend restauriert werden und ist seit Ende 2011 im neuen alten Glanz wieder in den Staatlichen Kunstsammlungen Dresden, in der* **Gemäldegalerie Alte Meister** ㉒*, zu bewundern. Den „Canaletto-Blick" kann man auch heute noch anhand einer markanten, großen roten Staffelei nachvollziehen. Man findet sie annähernd an der Stelle, wo Canaletto einst gestanden haben mag.*

026dn Abb.: br

letzten von **Gottfried Silbermann** gebauten **Orgel** gelten.

Die spartanische Innengestaltung war übrigens der Grund für Gaetano Chiaveri, vorzeitig seine Baustelle zu verlassen. Er hatte eine weitaus opulentere und prunkvollere Ausstattung der Kirche vorgesehen, doch da der Sächsische Hof aus chronischem Geldmangel nur über ein beschränktes Budget verfügte, konnten seine Pläne nur eingeschränkt realisiert werden. Chiaveri reiste frustriert zurück nach Italien und war bei der Fertigstellung der Hofkirche nicht anwesend. Neben dem untypisch schlichten Inneren birgt die Katholische Hofkirche noch eine Besonderheit: einen **zweistöckigen Prozessionsgang.** Da im protestantischen Sachsen öffentliche Prozessionen nicht gern gesehen waren, behalf man sich auf diese Weise. Die Festzüge konnten so direkt unter dem Dach der Kirche abgehalten werden – allein unter den Augen der Katholiken.

In den **Grabgewölben** der Kirche ruhen die prachtvollen Särge der katholischen Kurfürsten und Könige von Sachsen. Die sterblichen Überreste Augusts des Starken sucht man hier vergeblich, denn er wurde nicht hier, sondern in Krakau beigesetzt. Allerdings war es der Wunsch Augusts des Starken, dass sein **Herz** in einer ext-

schen Schloss **12** und Augustusbrücke **38**. Der Baugrund für die neue Kirche war durch die bestehenden Festungsbauten und den Brückenkopf sehr stark begrenzt. Deshalb wurde die Hofkirche nicht wie üblich mit der Längsachse nach Osten ausgerichtet, sondern nach Südwesten. Vor dem Gebäude stehend, die Augustusbrücke im Rücken, präsentiert sich die Kirche dem Betrachter daher mit einer gewissen **dynamischen Räumlichkeit.**

Die Hofkirche wird von insgesamt **78 Heiligen** gesäumt. Die über drei Meter hohen Figuren – ein Gesamtwerk von Lorenzo Mettielli – finden sich in Nischen und auf Balustraden rings um die Kirche. In ihrem Inneren ist die Hofkirche dann überraschend schlicht gestaltet. Aufmerksamkeit sollte der von **Balthasar Permoser** geschnitzten **Barockkanzel** und der

⌂ *Der Prozessionsgang*
in der Kathedrale Ss. Trinitatis

Napoleonstein

Aufmerksame Besucher finden links vor dem Haupteingang der Hofkirche **14** (auf dem Schlossplatz, ca. 10 m von der Kirche entfernt) einen Pflasterstein mit einem eingekerbten „N". Hier soll Napoleon am 26. Aug. 1813 vor der Schlacht von Dresden gestanden haben, während seine Truppen an ihm vorbeizogen.

ra dafür angefertigten **Urne** die letzte Ruhe in Dresden finden sollte. Seit 1755 ist die Urne an ihrem jetzigen Platz in der Stiftergruft.

› Schlossstr. 24, Tramhaltestelle: Theaterplatz, außerhalb der Gottesdienste geöffnet: Mo./Di. 9–18, Mi./Do. 9–17, Fr. 13–17, Sa. 10–17, So. 12–16 Uhr

⓯ Georgentor (Georgenbau) ★★ [D7]

Das 1535 fertiggestellte Georgentor bzw. der Georgenbau mit prächtiger **Schaufassade** ist Dresdens **erstes Renaissancebauwerk.** Zwischen Residenzschloss ⓬ und Stallhof ⓰ bildete der Bau ursprünglich einmal das Elbtor der Festungsmauern und wurde bis 1918 vom sächsischen König als Wohnraum genutzt.

Ab Juni 2015 öffnet in der zweiten Etage die neue Dauerausstellung des **Münzkabinetts.** In vier Räumen und einem zusätzlichen Saal für Sonderausstellungen wird die umfangreichen Sammlung an Münzen, Medaillen und anderen Geldschätzen von der Antike bis heute Raum geboten.

› Eintritt siehe www.skd.museum
› Tramhaltestelle: Theaterplatz

⓰ Stallhof ★★ und Fürstenzug ★★★ [D7]

Östlich des Residenzschlosses ⓬, *den Georgenbau* ⓯ *und das Johanneum* ⓱ *verbindend, befindet sich der Stallhof. Der ehemalige Turnierplatz ist jedes Jahr von Ende November bis Ende Dezember Schauplatz des mittelalterlichen Weihnachtsmarktes. An der Außenseite des Stallhofs, in der Augustusstraße, hat Dresden zudem eine einzigartige Open-Air-Ahnengalerie zu bieten – den Fürstenzug.*

Der Fürstenzug in Zahlen

› **Länge:** 102 m
› **Höhe:** 9,5 m
› **Fläche:** 957 m²
› **Fliesen:** ca. 25.000
› **Personen:** 94
› **Pferde:** 45
› **Windhunde:** 2

Auf fast 25.000 fugenlos angebrachten Kacheln aus Meissner Porzellan reiten die **Regenten Sachsens** hier durch die bewegte Geschichte des Landes. 35 Wettiner Markgrafen, Herzöge, Kurfürsten und Könige sind hier abgebildet, begleitet von Handwerkern, Musikern und vielen anderen Personen. Auch der Künstler selbst hat sich im Fürstenzug verewigt. Markant herausragend ist August der Starke im letzten Viertel des Zuges.

Von **Wilhelm Walter** (1872–1876) ursprünglich als sogenanntes Sgraffito(Kratzputz)-Gemälde an der Langen Wand (Außenwand des Stallhofs) in grau-weiß geschaffen, wurde der Fürstenzug bereits nach der Jahrhundertwende wegen nicht aufhaltbarer Schäden durch Porzellan-Kacheln ersetzt. Und was man auf Anhieb vielleicht nicht vermuten würde: Der Fürstenzug ist keine reine „Männerangelegenheit", denn am Ende des Zuges ist in einer Gruppe von Kindern die einzige weibliche Figur zu finden, ein Mädchen.

› **Fürstenzug,** Augustusstraße, Außenseite des Stallhofs (Lange Wand oder Langer Gang genannt), Tramhaltestelle: Theaterplatz
› **Mittelalter-Weihnachtsmarkt,** www.mittelalter-weihnacht.de, Ende November–Ende Dezember tägl. 11–21.30 Uhr, Eintritt Mo.–Do. frei, Fr.–So. 3 €, erm. 2 €

⑰ Verkehrsmuseum Dresden im Johanneum ★★ [D7]

Ende des 16. Jahrhunderts benötigte der Kurfürst (Christian I.) dringend mehr Raum zur Unterbringung seiner Rüstkammer, für Kutschen und Pferde und ließ daher das Residenzschloss ⑫ um einen prachtvollen Renaissancebau am Ende des Langen Ganges erweitern. In den nachfolgenden Epochen gab es hier zahlreiche Umbauten u. a. auch durch König Johann, dessen Namen das Gebäude nun trägt.

Die heute hier untergebrachte Museumswelt ist ganz der Mobilität gewidmet – das **Verkehrsmuseum Dresden** ist seit 1956 im einstigen kurfürstlichen Stallgebäude zu Hause. Auf ca. 5000 m² Ausstellungsfläche sind Exponate aus dem Luft- und Straßenverkehr, der Schifffahrt und dem Eisenbahnverkehr zu bestaunen. Highlights der Ausstellung: eine Sänfte aus dem 17. Jahrhundert und die **älteste** noch original erhaltene **Dampflok** Deutschlands, die sächsische „Muldenthal".

❯ Augustusstraße 1, Tramhaltestelle: Altmarkt, www.verkehrsmuseumdresden.de, Tel. 86440, Eintritt: 7 €, erm. 3 € (Kinder bis 5 Jahre frei), Di.–So. 10–18 Uhr sowie Oster- u. Pfingstmontag

⑱ Taschenbergpalais ★ [C7]

Das Taschenbergpalais ließ August der Starke 1705 einst für seine Mätresse, die Gräfin Cosel, erbauen. Später als **Wohnsitz der Kronprinzen** genutzt, ist das Palais heute ein exklusives Hotel (www.kempinski-dresden.de) und beherbergt das Gewölberestaurant Sophienkeller (www.sophienkeller-dresden.de).

Direkt vor dem Eingang des Sophienkellers steht der 18 m hohe neogotische **Cholerabrunnen**, der daran erinnert, dass Dresden Mitte des 19. Jahrhunderts (1840) von der grassierenden Choleraepidemie verschont blieb.

❯ Tramhaltestelle: Theaterplatz

Rund um den Theaterplatz

Einen Steinwurf vom Schlossplatz entfernt – auf der anderen Seite der Hofkirche – beginnt der Theaterplatz. Man braucht ein wenig Zeit, um die vielen architektonischen Eindrücke auf sich wirken zu lassen. Der Rundblick – am besten von der Mitte des Platzes beim König-Johann-Denkmal aus – zeigt, wie sehr sich hier Dresdner Bau- und Kunstgeschichte konzentriert: Die Hofkirche mit ihren 78 Sandsteinfiguren, rechts von ihr das Residenzschloss und die Schinkelwache, das Innere des Zwingers lässt sich durch das Tor der Sempergalerie erahnen und die Semperoper bildet den glanzvollen Abschluss. Hat man dieses Areal erkundet, lässt sich ein möglicher Stadtrundgang durch den Zwinger zum Schauspielhaus fortsetzen. Touristisch nicht so überlaufen geht es dann auf der Ostra-Allee am Haus der Presse vorbei weiter zur Yenidze, um am neu gestalteten linken Elbufer entlang wieder zum Theaterplatz zurückzukehren.

▷ *Dresdens Opernhaus genießt Weltruhm, Tickets sind heiß begehrt*

⑲ Semperoper ★★★ [C6]

Dass die Semperoper zu den bekanntesten Opernhäusern Deutschlands gehört, hängt nicht nur mit den Fernsehwerbespots einer sächsischen Bierbrauerei aus dem nahen Radeberg zusammen.

Berühmt ist die Semperoper vor allem wegen ihres erstklassigen Orchesters, der 1548 gegründeten **Sächsischen Staatskapelle**, die sich seit 2012 unter der Leitung von Christian Thielemann befindet, und nicht zuletzt natürlich durch die Architektur **Gottfried Sempers** (1803–1879). Nach seinen Plänen wurde das Dresdner Opernhaus von 1871 bis 1878 im Stil der italienischen Hochrenaissance erbaut. Eigentlich hatte Semper mit dem Bau eines ersten „Königlichen Hoftheaters" 1841 an gleicher Stelle seine Arbeit längst erledigt, aber dieses Theater brannte 1869 ab. König Johann beauftragte ihn mit dem Wiederaufbau. Semper lebte zu dieser Zeit in Wien und übertrug seinem Sohn Manfred die Bauleitung. Außerdem hatte er die zwanzig Jahre zurückliegenden Ereignisse der Revolution von 1848/49 wohl kaum vergessen, als er – Verfechter bürgerlicher Grundrechte – nach dem Scheitern des Dresdner Maiaufstands 1849 als Barrikadenbauer steckbrieflich gesucht wurde und aus Sachsen fliehen musste. Sachsen hatte den gegen ihn gerichteten Haftbefehl erst 1863 aufgehoben.

Am 2. Februar 1878 wurde die Semperoper eröffnet und sie erlebte bis zu ihrer Zerstörung am 13. Februar 1945 viele beeindruckende Uraufführungen, vor allen Dingen jene der Opern von **Richard Strauss.** Genau 40 Jahre später, am 13. Februar 1985, konnte die wiederaufgebaute Semperoper mit Carl Maria von Webers „Freischütz" eingeweiht werden. Zwar verursachte das verheerende Elbehochwasser im August 2002 Schäden in Höhe von 27 Millionen Euro,

die Oper konnte ihren Spielbetrieb aber schon drei Monate später wieder aufnehmen.

Es lohnt sich, die Semperoper eine Zeit lang von außen zu betrachten: In der Mitte wird die Eingangsfront von der bronzenen **Pantherquadriga** von Johannes Schilling bekrönt – vier Panther ziehen einen offenen Wagen mit Dionysos und seiner Braut Ariadne. Links und rechts des Eingangs finden sich Sitzfiguren Goethes und Schillers von Ernst Rietschel und in den seitlichen Nischen Skulpturen von Shakespeare, Sophokles, Molière und Euripides, die von Ernst Julius Hähnel geschaffen wurden. Diese Figuren hatten den Brand des ersten Hoftheaters 1869 unversehrt überstanden.

Wer kurzfristig keine Karten für eine Abendvorstellung bekommt, dem ist eine der fast täglich angebotenen **Führungen** zu empfehlen. Die Semperoper empfängt jeden Tag rund 1000 Gäste zu Rundgängen, Konzerten und Veranstaltungen. Der Gang durch die geschmückten Foyers und Treppenhäuser mit Marmorsäulen, Wand- und Deckengemälden ist ein Erlebnis. Ein absolutes Muss ist außerdem ein Blick in den Zuschauerraum mit den vier Rängen, dem gewaltigen gemalten **Schmuckvorhang** und der berühmten **Fünfminutenuhr** mit einem linken Fenster, in dem mit römischen Zahlen die Stunden, und einem rechten Fenster, in dem mit arabischen Zahlen die Minuten in Fünfer-Abständen zu sehen sind.

❯ Theaterplatz 2, Tramhaltestelle: Theaterplatz, www.semperoper.de, Kartenvorverkauf in der Schinkelwache ⓴ oder an der Abendkasse jeweils eine Stunde vor Vorstellungsbeginn. Führungen: Termine auf www.semperoper-erleben. de (abhängig vom Probenbetrieb).

⓴ Schinkelwache (Altstädter Wache) ★ [C6]

Exklusiver als in der ehemaligen Hauptwache Dresdens, die eher einem Tempel als einer Wachstube gleicht, könnte die **Theaterkasse der Semperoper** ⓳ kaum untergebracht sein. Den Entwurf für das Gebäude lieferte kein Geringerer als der preußische Baumeister **Karl Friedrich Schinkel** (1781–1841), daher der Name Schinkelwache. König Anton (1827–1836) wünschte sich von dem damaligen Stararchitekten eine moderne Wachstube nach damals aktuellem Standard. Schinkel lieferte prompt, kam aber nie persönlich nach Dresden, sodass der Architekt Joseph Thürmer von 1830 bis 1832 die Bauleitung übernehmen musste. Ein wenig verloren wirkt dieses Beispiel **preußischen Klassizismus** inmitten von Rokoko und Neorenaissance schon. Thürmer konnte es sich jedoch nicht verkneifen, dem Gebäude einen **sächsischen „Touch"** zu geben: Statt der von Schinkel vorgesehenen Siegesgöttin Viktoria platzierte er im Giebelfeld der Vorhalle Richtung Residenzschloss ⓬ (Sophienstraße) eine sitzende Saxonia.

❯ Theaterplatz 2, Tramhaltestelle: Theaterplatz, Tel. 4911705, Besucherdienst der Semperoper Dresden in der Schinkelwache: Mo.–Fr. 10–18, Sa. 10–17, So./Feiertag 10–13 Uhr (nur an den Tageskassen)

⓴ Zwinger ★★★ [C6]

Als Gesamtkunstwerk, architektonische Perle oder auch Glanzstück des barocken Dresden wird der Zwinger bezeichnet, der neben der Frauenkirche ❷ und der Semperoper ⓳ sicherlich das bekannteste und be-

rühmteste Dresdner Bauwerk und eines der touristischen Aushängeschilder der Stadt ist. Und tatsächlich konzentriert sich hier vieles von dem, was die Faszination der Elbmetropole ausmacht: Dieses einzigartige, weitläufige Ensemble miteinander verbundener Pavillons, Bogen- und Langgalerien um einen fast quadratischen Hof (107 mal 116 Meter) spiegelt Prunk und Pracht und die Lust an der großen Geste wider. Daneben ist mit Putten, Nymphenfiguren, Blumenornamenten, Faunen, Muscheln und Masken aber auch immer die Liebe zum Detail, das Spielerische und schier Überbordende präsent.

August der Starke (s. S. 60) ließ den Zwinger auf der Dresdner Festungsanlage zwischen dem inneren und äußeren Befestigungsring bauen, also dem Bereich, in dem man einen möglichen Eindringling relativ leicht bezwingen konnte – daher auch der Name. Heute sind im Zwinger drei der zwölf Museen der Staatlichen Kunstsammlungen Dresden untergebracht: der **Mathematisch-Physikalische Salon**, die **Porzellansammlung** ㉓ und im Semperbau, der den Lustgarten Mitte des 19. Jahrhunderts zur Elbe hin abschloss, die berühmte **Gemäldegalerie Alte Meister** ㉒.

Die Geschichte des Zwingers beginnt im Jahr 1709 mit dem **Besuch des dänischen Königs Friedrich IV.** in Dresden und einer eigenhändigen Grundrissskizze Augusts des Starken für den **Bau einer Orangerie.** Der Kurfürst war stolz auf seine Orangenbäume und diese im Winter in Sicherheit zu wissen, war ihm wichtig. Genauso wichtig war es ihm, dem Besucher aus Dänemark ein repräsentatives Ambiente bieten zu können. So ließ er seinen Hofbaumeister **Matthäus Daniel Pöppelmann** (1662–1736)

ein hölzernes Amphitheater errichten. Dieser nicht für die Ewigkeit bestimmte Bau wurde nach dem Besuch des Königs in Stein überführt, die Orangenbäume hatten endlich ihr Winterquartier – und der Zwinger sollte von 1710 bis 1728 in drei Bauphasen Gestalt annehmen.

In einer ersten Bauphase bis 1715/16 konnte Hofbaumeister Pöppelmann zwei doppelgeschossige Pavillons, den Mathematisch-Physikalischen Salon und den Französischen Pavillon, vollenden. In diese Zeit fällt auch die Fertigstellung des **Nymphenbads**, das hinter dem Französischen Pavillon gelegen ist. Diese künstliche, offene Grotte, die sich an den ehemaligen Festungswall schmiegt, trägt die Handschrift des zweiten für den Zwinger bedeutenden Künstlers, des Bildhauers **Balthasar Permoser** (1651–1731). Bis 1718 erweiterte Pöppelmann die beiden Pavillons um die Langgalerie mit dem Kronentor und der von polnischen Adlern gesäumten, vergoldeten Königskrone.

Der **Wallpavillon** zwischen Mathematisch-Physikalischem Salon und dem Französischen Pavillon gehört zu den Glanzstücken des Zwingers: Die Architektur des Pavillons verschmilzt förmlich mit den unzähligen Plastiken und Skulpturen, den Putten und Köpfen. Über allem thront **Herkules Saxonicus**, der die Weltkugel auf seinen Schultern trägt und den Machtanspruch Augusts des Starken zu Beginn des 18. Jahrhunderts repräsentiert. Der dem Wallpavillon gegenüberliegende **Glockenspielpavillon** erhielt sein Glockenspiel aus Meissner Porzellan erst 1930.

Das gesamte Zwingerensemble konnte bis zur Hochzeit des Kurprinzen Friedrich August, des Sohns Augusts des Starken, mit der habsbur-

gischen Kaisertochter Maria Josepha im Jahr 1719 nur in Holz errichtet werden. Eigentlich ein Wunder, dass dieses exquisite Provisorium die Belastungen der vier Wochen andauernden Feierlichkeiten überstehen konnte, denn „Feiern" bedeutete, dass die Gäste die Pavillons und Galerien „belagerten" und von oben dem Treiben auf dem Zwingerhof zusahen.

Es dauerte bis 1728, bis die gesamte Zwingeranlage ihre endgültige Form in Stein erhalten hatte. Ab dann nutzten die Wettiner den Zwinger bereits als Aufbewahrungsort für ihre Kunst- und Techniksammlungen.

Das Interesse des Hofes am Zwinger und die finanziellen Ressourcen für den Weiterbau in Richtung Elbe nahmen ab Mitte des 18. Jh. rapide ab. Aus heutiger Sicht ist es kaum mehr vorstellbar, dass dort, wo heute die **Sempergalerie** ㉒ steht, jahr-

zehntelang eine hohe Mauer mit einer Pforte den Zwingerkomplex abschloss. Erst Mitte des 19. Jh. sollten der Wille und die finanziellen Mittel wieder vorhanden sein, das Zwingerensemble mit der Gemäldegalerie zu komplettieren. An die Schafe, die nach dem Zweiten Weltkrieg bis in die 1950er-Jahre auf dem Zwingerhof umherliefen, erinnern sich noch heute viele Dresdner.

Mathematisch-Physikalischer Salon

Auch Nicht-Ingenieure haben an den historischen Instrumenten der neu konzipierten Dauerausstellung ihre Freude. Die ausgestellten optischen und astronomischen Instrumente und feinmechanischen Geräte glänzen und blinken und beeindrucken oftmals auch durch ihre Größe oder ihren Miniaturcharakter. Beides – Größe und Miniatur – vereint die Weltzeituhr von Andreas Gärtner aus dem Jahr 1695: Die über zwei Meter hohe Uhr präsentiert statt eines Ziffernblatts gleich 365 kleine Ziffernblätter, die jeweils die Uhrzeit eines anderen Ortes dieser Welt anzeigen. Ein Muss sind auch: Der **arabische Himmelsglobus** aus dem 13. Jh., eine der ältesten Rechenmaschinen der Welt aus dem Jahr 1650 von Blaise Pascal und ein Automat aus dem 17. Jahrhundert, der „Trommelnde Bär" – ein **trommelnder Figurenwecker mit Fell.** Der Mathematisch-Physikalische Salon geht auf die Sammelleidenschaft Kurfürst Augusts (1553–1586) zurück. 150 Jahre später richtete sein Nachfahre, August der Starke, im Zwinger für die Exponate ein eigenes Kabinett ein und baute die Sammlung aus. Abgerundet wird die eindrucksvolle Präsentation der Sammlung durch den „Salon im Salon", einem Lernort, an dem die Besucher mit Repliken selbst experimentieren können.

❯ Theaterplatz 1, Tramhaltestelle: Theaterplatz, Tel. 49142000, www.skd. museum, geöffnet: Di.–So. 10–18 Uhr, Eintritt (Zwingerticket: Gemäldegalerie Alte Meister, Porzellansammlung, Mathematisch-Physikalischer Salon): 10 €, erm. 7,50 €, Kinder u. Jugendliche unter 17 Jahren frei, Audioguide: 3 €. Mathematisch-Physikalischer Salon: Eingang Kronentor, Gemäldegalerie Alte Meister: im Semperbau, Porzellansammlung: Eingang Glockenspielpavillon

◁ *Ruheoase mit Putten und plätscherndem Wasser – das Nymphenbad im Zwinger*

㉒ Gemäldegalerie Alte Meister (Sempergalerie) ★★★ **[C6]**

In dem der Elbe zugewandten Flügel des Zwingers, dem Semperbau, ist die Gemäldegalerie Alte Meister beheimatet. Sie bietet eine Ausstellung beeindruckender Bilder aus drei Jahrhunderten, einige davon von Weltruf – wie etwa Raffaels Sixtinische Madonna.

Mitte des 19. Jh. wurde die provisorische hohe Mauer, die den Zwinger zur Elbseite abschloss, endgültig abgerissen und **Gottfried Semper** beauftragt, das Gebäudeensemble mit einem Neubau zu vollenden. Den Abschluss der Bauarbeiten an der von ihm geplanten Galerie konnte er bis 1855 genauso wenig wie den der von ihm entworfenen Oper vor Ort begleiten, musste er doch 1849 aus Sachsen fliehen, weil er den Dresdner Maiaufstand 1849 unterstützt hatte. Der gegen ihn gerichtete Haftbefehl wurde erst 1863 aufgehoben.

Mit der Galerie gelang ihm ein behutsamer **Stilmix:** Das Gebäude greift auf der Hofseite des Zwingers die barocke Konzeption Pöppelmanns auf, zum Theaterplatz hin ist es ganz im Palaststil der italienischen Hochrenaissance gestaltet.

Fast noch wichtiger als das Äußere ist in diesem Fall das Innere des Sempergalerie: August der Starke und sein Sohn Friedrich August II. gelang es nach gerade einmal fünf Jahrzehnten fleißigen Sammelns, den Grundstock für die Gemäldegalerie zu legen. Mit den ausgestellten **Bildern europäischer Malerei vom 15. bis 18. Jh.** befindet sich die Gemäldegalerie Alte Meister auf Augenhöhe mit den anderen großen Kunstmuseen der Welt. Zu sehen sind die Werke flämischer, holländischer, italienischer und deutscher Meister der Renaissance, des Barock und des Rokoko: Rubens, Vermeer, Tizian, Botticelli, Tintoretto, Dürer und Cranach, um nur einige der Künstler zu nennen. Auch die Stadtansichten des großen Vedutenmalers **Canaletto** sind in der Gemäldegalerie ausgestellt, vor allem „Dresden vom rechten Elbufer unterhalb der Augustusbrücke" und der „Zwingerhof" sind sehenswert.

Und natürlich darf man die **Sixtinische Madonna** nicht vergessen. Als Raffael das Bild 1512/1513 malte, hätte er es sich wahrscheinlich nicht träumen lassen, dass seine Madonna einmal ein Publikumsmagnet sein würde, aber so ganz stimmt das ja auch nicht: Die heimlichen Stars sind die beiden pausbäckigen Engel, die am unteren Bildrand herumlümmeln. Es gibt wohl kaum ein Dresden-Souvenir, das nicht in der einen oder anderen Form den beiden Engeln huldigt.

㉓ Porzellansammlung ★★ [C7]

Diese Inszenierung seiner großen **Porzellanleidenschaft** hätte **August dem Starken** wohl gefallen: türkise Vasen vor purpurnem Hintergrund, bunt kolorierte Tierfiguren auf vergoldeten Konsolen vor Leder- und Stofftapeten, große Deckelvasen vor der Fensterfront zum Zwingerhof. Der New Yorker Architekt Peter Marino kreierte 2006 und 2010 das barocke und moderne Elemente verbindende Innenraumdesign in diesem Teil des Zwingers – allemal **atemberaubend.**

Als Ausstellungsort seiner 35.000 Einstellstücke umfassenden Sammlung hatte August der Starke eigentlich das Japanische Palais ㊻ am Neustädter Elbufer vorgesehen. Seit 1962 sind die erhaltenen 20.000 Exponate aber im Zwinger und die schönsten Objekte werden in der Ausstellung präsentiert. Sie zeugen von Augusts Porzellankrankheit, der „maladie de porcelaine", einer wahren **Sammelwut** für das „weiße Gold".

Die Sammlung umfasst u. a. eine einzigartige Auswahl an Stücken der in aller Welt berühmten **Porzellan-Manufaktur Meissen.** Dem Alchemisten **Johann Friedrich Böttger** war es 1708 gemeinsam mit dem Wissenschaftler **Ehrenfried Walther von Tschirnhaus** gelungen, das Porzellan auch für Europa wiederzuentdecken. August der Starke hatte sich anfangs aber für eine ganz andere – angebliche – Fertigkeit Böttgers interessiert, nämlich die, Gold herstellen zu können. Er hielt Böttger ab 1702 in Sachsen gefangen, nachdem dieser aus Preußen hatte fliehen müssen, denn bereits in Berlin war er den Beweis seines Könnens schuldig geblieben. August der Starke schien dies unbeeindruckt gelassen zu haben und so befahl er Tschirnhaus, einem seiner klügsten Wissenschaftler, Böttger bei seinen Experimenten zu unterstützen. Das Ergebnis ist bekannt: Nicht die Herstellung von Gold, sondern die des Porzellans wurde entdeckt. Für den „porzellanverrückten" sächsischen König machte dies im Grunde keinen großen Unterschied. Das „weiße Gold" ließ sich ebenfalls zu Gold machen.

Nachdem Böttger und Tschirnhaus zunächst in Dresden experimentieren, wurde Böttger 1705 in die Albrechtsburg nach Meißen verlegt. Fünf Jahre später und um die Entdeckung des europäischen Porzellans reicher, gründete August der Starke vor Ort die „Königlich-Polnische und Kurfürstlich-Sächsische Porzellan-Manufaktur", heute weltbekannt als Porzellan-Manufaktur Meissen – mit dem markanten Logo der blauen gekreuzten Schwerter. Erst 1714 –

nach zwölfjähriger Gefangenschaft – schenkte der sächsische Kurfürst Böttger die Freiheit wieder.

In der Ausstellung finden sich auch chinesisches Porzellan aus der Ming-Periode und japanisches Imari-Porzellan. Bedeutend sind zudem die Arbeiten des Porzellanmodelleurs **Johann Joachim Kändler** (1706–1775), der zusammen mit Johann Friedrich Eberlein 1734 bis 1740 das mehr als 2000 Einzelteile umfassende **Schwanenservice** für den Grafen Brühl schuf. Und einige der berühmten 151 **Dragonervasen** gibt es in der Porzellansammlung auch zu sehen. Sie verdanken ihren Namen einem Tauschgeschäft zwischen August dem Starken und dem Preußenkönig Friedrich Wilhelm I.: Der Preuße war am Ende um 600 sächsische Reiter (Dragoner) reicher, der Sachse um 151 etwa ein Meter hohe ostasiatische Deckelvasen des 17. und 18. Jh.

㉔ Schauspielhaus ⭐ [C7]

Das 1911 bis 1913 gegenüber dem Kronentor des Zwingers ㉑ errichtete Schauspielhaus wirkt auf den ersten Blick wie ein Einzelbau, der ein wenig zu klobig oder wuchtig geraten ist. Vor einhundert Jahren sah das jedoch ganz anders aus, als hohe Wohn- und Geschäftshäuser das Theater an drei Seiten umgaben und sich das Schauspielhaus mit seiner **breiten Sandsteinfront** und dem **Bühnenturm** gut in Szene setzen konnte. Den Dresdner Bürgern war es Anfang des 20. Jahrhunderts wichtig, ein „eigenes" Theater zu besitzen. Traditionell wurde natürlich auch in der Semperoper Theater gespielt, aber für den 1909 gegründeten Dresdner Theaterverein sollte ein Ort geschaffen werden, der nur dem Schauspiel vorbehalten war.

Eine Königsloge sucht man anders als in der Semperoper ㉞ im Schauspielhaus also vergeblich.

Den Dresdner Architekten William Lossow und Max Hans Kühne gelang es, auf dem ungünstig geschnittenen Grundstück einen der damals modernsten Theaterneubauten zu entwerfen – mit **innovativer Bühnen- und Hebetechnik.** Das im neobarocken Stil erbaute Theater versucht geschickt, den Kontrast zum fein ziselierten Zwinger zu kaschieren.

Der Mitte der 1990er Jahre rekonstruierte Zuschauersaal umfasst heute 800 Sitzplätze und seit 2007 erstrahlt das Schauspielhaus wieder in seinem ursprünglichen weißen Putz.
› Theaterstraße 2, Tramhaltestelle: Postplatz, www.staatsschauspiel-dresden. de, Tel. 4913555, Ticketkasse: Mo.–Fr. 10–18.30, Sa. 10–14 Uhr. Einmal im Monat (Termine siehe Spielplan) Besichtigung möglich.

Vom Schauspielhaus zur Yenidze ㉕ führt der Weg über die Ostra-Allee am **Haus der Presse** vorbei, dem **Verlagshaus** der **Sächsischen Zeitung.** Das Gebäude ist ein Beispiel für die DDR-Hochhausarchitektur der 1960er-Jahre. Nach der Elbeflut 2002 musste das Gebäude saniert werden und erhielt die weithin sichtbaren grünen Außenplatten, auf denen verschiedene Schrifttypen abgebildet sind. Die alte, ehemals an der Fassade befestigte Leuchtschrift „**Haus der Presse**" steht in Vitrinen vor dem Verlagsgebäude.
› Tramhaltestelle: Kongresszentrum

㉕ Yenidze ⭐⭐ [B5]

Wer Dresden zum ersten Mal besucht und mit der Stadt vielleicht Elbe, Frauenkirche ❷ und Semperoper ㉞

029dn Abb.: br

verbindet, wird ein wenig erstaunt sein, wenn die **farbig verglaste Kuppel** der Yenidze im Westen der Altstadt auftaucht. Die 18 Meter hohe Kuppel und der hohe **Turm** lassen auf eine Moschee schließen. Ein Gotteshaus war die Yenidze jedoch nie und unter der Minarett-Fassade verbirgt sich ein 62 Meter hoher Schornstein. Der Zigarettenhersteller **Hugo Zietz** baute hier ab 1907 bis 1912 eine Produktionsanlage für seine Zigaretten – die **Orientalische Tabak- und Cigarettenfabrik.**

Mit der außergewöhnlichen Architektur schlug Zietz gleich zwei Fliegen mit einer Klappe: Er sorgte für große **Aufmerksamkeit** für sich und seine Produkte und mit der Moschee-Maskierung umging er die Bauvor-

schriften, die ein Fabrikgebäude in der Stadt nicht zugelassen hätten. Benannt ist die Yenidze nach dem Tabakanbaugebiet um die nordgriechische Stadt Genisea, früher „Yenidze". Den Architekten **Martin Hammitzsch** (1878–1945) machte das Gebäude berühmt, später distanzierte er sich von dieser Arbeit und machte im Nationalsozialismus Karriere.

Noch zu DDR-Zeiten war die Yenidze ein Tabakkontor. Seit der Sanierung 1996 sind in dem Gebäude Büros untergebracht. In der Kuppel befindet sich ein **Restaurant,** der Blick von der Terrasse auf die Stadt ist sehr empfehlenswert, ebenso wie das **Märchentheater** mit „Märchenabenden aus 1001 Nacht" unter dem Kuppeldach, das nachts weit sichtbar in den Farben gelb, blau, rot und grün strahlt.

› Kuppelrestaurant in der Yenidze, Weißeritzstraße 3, Tramhaltestelle: Kongresszentrum, Tel. 4905990, www. kuppelrestaurant.de, tägl. ab 12 Uhr

› **1001 Märchen & Geschichten,** Tel. 4951001, www.1001maerchen.de

△ Die Yenidze war früher eine Zigarettenfabrik und ist heute ein Treffpunkt für Märchenfans

㉖ Neue Terrasse ★★ [C6]

Hinter der Semperoper erstreckt sich bis zur Marienbrücke die „Neue Terrasse" mit drei markanten Gebäuden: dem Internationalen Congress Center Dresden (ICD), dem Erlweinspeicher und dem Sächsischen Landtag.

Das **Internationale Congress Center Dresden (ICD)**, 2004 eröffnet, schließt die Uferpromenade auf der Altstädter Elbseite ab. Glas und Stahl dominieren den Bau. Auf der Elbseite zieht sich die lange, gebogene Glasfront mit großem Schwung zum Vordach und der großen Freitreppe hin. Der Blick aus dem mehr als 4000 Menschen Platz bietenden Kongresssaal über die Elbe ist beeindruckend.

Direkt daneben, zwischen ICD und Sächsischem Landtag, befindet sich der **Erlweinspeicher**. Wo einst Tabak und Gewürze lagerten, befinden sich seit 2006 die 328 Zimmer des Maritim Hotels. Der Dresdner Stadtbaurat Hans Erlwein hatte auf dem ehemaligen Packhofgelände 1913/1914 ein imposantes Lagergebäude gebaut, 76 Meter lang und fast 40 Meter hoch. Mit dem sich nach oben teilweise verjüngenden Dach gelang es Erlwein, den Koloss ein wenig schlanker wirken zu lassen.

Transparent und leicht präsentiert sich daneben der **Sächsische Landtag**. Nach der Wiedervereinigung tagte das Parlament des neu gegründeten Freistaats Sachsen noch bis 1994 in der Dreikönigskirche. Der Landtagsneubau des gebürtigen Dresdner Architekten Peter Kulka schließt an das ehemalige Landesfinanzamt von 1928 an, in dem bis zur Wende die SED-Bezirksleitung ihren Sitz hatte. Heute befinden sich dort die Fraktionssäle und die Büros der Abgeordneten.

Italienisches Dörfchen

Der Name der Gaststätte Italienisches Dörfchen am Ufer der Elbe erinnert an ein längst nicht mehr existierendes Viertel: Zwischen Zwinger und Elbufer siedelten sich ab 1739 während des Baus der Hofkirche ⑭ Handwerker, Künstler, Baumeister und Steinmetze an. Da diese wie der Architekt Gaetano Chiaveri überwiegend aus Italien stammten, avancierten ihre Wohn- und Werkstätten im Volksmund schnell zum „Italienischen Dörfchen". Den Italienern gefiel es in Dresden, sie blieben noch lange in der Stadt. Später, während des Baus des ersten Hoftheaters, dem Vorgängerbau der Semperoper ⑲, wurden die mehr als 30 Gebäude abgerissen.

Die heutige Gaststätte stammt aus den Jahren 1910/1911, wurde vom Dresdner Stadtbaurat Hans Erlwein erbaut und schließt den Theaterplatz zur Elbe hin ab. Eine Vorstellung davon, wie es im 18. Jahrhundert auf dem heutigen Theaterplatz ausgesehen haben mag, zeigt ein Besuch des Panometers ㉝ mit der Ausstellung „Dresden – Mythos der barocken Residenzstadt".

> ❭ **Italienisches Dörfchen,**
> www.italienisches-doerfchen.de,
> Restaurantbeschreibung und
> praktische Infos s. S. 23

> ❭ **Maritim Hotel (im Erlweinspeicher) und Internationales Congress Center Dresden,** Ostra-Ufer 2/Devrientstr. 10–12, Tramhaltestelle: Kongresszentrum, Tel. 2160

> ❭ **Sächsischer Landtag,** Bernhard-von-Lindenau-Platz 1, Besucherdienst: Tel. 4935131, Besichtigung Mo.–Fr. 10–18 Uhr, www.landtag.sachsen.de, für den Besuch einer Plenarsitzung bitte den Sitzungskalender im Internet beachten

Zwischen Altmarkt und Hauptbahnhof

Die Gegensätze könnten nicht größer sein. Ein Bummel vom Altmarkt zum Hauptbahnhof bietet eine Fülle an Attraktionen und Dresden pur. Es gibt jahrhundertealte Tradition und postmoderne Architektur, Politik und Kultur, Kleinode und Kommerz: hier der Altmarkt, der älteste Platz der Stadt mit 650-jähriger Geschichte, dort der UFA-Filmpalast an der Prager Straße, eine avantgardistische Konstruktion aus Glas und Beton, hier das Rathaus, dort der Kulturpalast, hier die Kreuzkirche, dort die Einkaufsmeile der Prager Straße. Und der Hauptbahnhof mit neuer Kuppel und Teflondach ist selbst auch ein Highlight.

㉗ Altmarkt ★ [D7]

Gäbe es nicht seit Beginn des 16. Jh. den Neumarkt ❶, der Altmarkt wäre noch immer der einzige Markt Dresdens. In 650 Jahren ist auf und um den **ältesten Platz der Stadt** herum viel passiert: Hier wurde die Hochzeit mit einer Kaisertochter gefeiert, eine bürgerliche Revolution blutig niedergeschlagen und die erste Rolltreppe der Stadt in Betrieb genommen. Der Altmarkt war vor allem aber immer eins: ein Marktplatz, der die Menschen der Stadt und der Umgebung wegen seines Markttreibens anzog. Wie das dann aussah, davon kann sich jeder Jahr für Jahr beim weihnachtlichen **Striezelmarkt** (s. S. 14) ein Bild machen.

Die erwähnte Hochzeit war die Vermählung des Kurprinzen Friedrich August II., des Sohnes Augusts des Starken, mit Maria Josepha, der Tochter Kaiser Josephs I., im Jahr 1719. Nicht nur im Zwinger ㉑ – zu diesem Zeitpunkt noch mehr eine Holzattrappe

als ein Sandsteinkunstwerk – wurde ausgiebig gefeiert, sondern auch auf dem Altmarkt. Ein Trauerspiel war dagegen exakt 130 Jahre später an derselben Stelle die Niederschlagung des **Dresdner Maiaufstands** durch preußische und sächsische Truppen, das blutige Ende eines demokratischen Aufbruchs mit mehr als 300 Toten und Verwundeten. Im **Kaufhaus Renner** auf der Südseite des Altmarkts drehte schließlich die erste Rolltreppe der Stadt ihre Runden.

Der Altmarkt wurde im Februar 1945 vollständig zerstört und später in gerade einmal fünf Jahren von 1953 bis 1958 wieder aufgebaut. Die Architekten Herbert Schneider, Alexander Künzer und Johannes Rascher bauten auf der West- und der Ostseite siebenstöckige Wohn- und Geschäftshäuser im Stil des Neohistorismus und schufen im Grunde einen eigenen Stil, eine Art „**Barock-Sozialismus**". 2008 wurde unter dem Platz eine Tiefgarage gebaut, seitdem muss der Altmarkt nicht mehr als Parkplatz herhalten. Die Fundamente des Alten Rathauses von 1707 gibt es nun aber leider auch nicht mehr.

❯ Tramhaltestelle: Altmarkt

㉘ Kreuzkirche ★ [D7]

Die Kreuzkirche (nicht die Frauenkirche ❷!) ist die **evangelische Hauptkirche** Dresdens und mit mehr als 3000 Sitzplätzen eines der größten Gotteshäuser in Sachsen. Nach der Reformation wurde 1539 der erste evangelische Gottesdienst in der Kreuzkirche gefeiert. Etwa so alt wie die Stadt selbst, ist die Kreuzkirche in 800 Jahren **fünfmal** durch Kriege oder Brände **zerstört und wieder**

Pflaumentoffel

In der Weihnachtszeit wird er gern als **Glücksbringer** verschenkt: der original Dresdner Pflaumentoffel – fertig zusammengebaut oder als „Bausatz" in Einzelteilen. Der Pflaumentoffel ist ein Männchen aus einer handvoll zusammengesteckter **Trockenpflaumen** mit Zylinder auf dem bemalten Papierkugelkopf sowie einer Halskrause und einer Leiter aus Glanzpapier. Das kleine Pflaumenmännchen erinnert in seiner Gestalt an einen Schornsteinfeger, angelehnt an die Kinder, die im 17. Jahrhundert in Dresden die Essen fegen mussten.

Die erste urkundliche Erwähnung fand der Pflaumentoffel im Jahr 1801. Im 19. Jh. wurden die selbst gebastelten Männchen oft von Kindern, den „Striezelkindern", auf den Weihnachtsmärkten verkauft. Heute ist der Pflaumentoffel das Wahrzeichen des **Dresdner Striezelmarktes** (s. S. 14).

Einen Pflaumentoffel kann man natürlich essen, aber viel schöner ist es, ihn in Würde verschrumpeln zu lassen.

aufgebaut worden. Die Zerstörung durch das Artilleriefeuer der preußischen Truppen im Jahr 1760 während des Siebenjährigen Krieges hat Canaletto in seiner Vedute „Die Ruine der Kreuzkirche, von Osten aus gesehen" eindrucksvoll und detailreich festgehalten.

Nachdem die Kirche 1897 ausgebrannt und 1900 im Stil des Neobarocks und Jugendstils wieder aufgebaut worden war, brannte sie nach den Bombenangriffen der Alliierten am 13. Februar 1945 erneut aus. Der Wiederaufbau wurde außen wie innen schlicht gehalten – der ehemals provisorische Rauputz im Kirchenschiff hat längst Bestand. Der Akustik kommt das sehr zugute. Das freut die Gottesdienstbesucher vor allen Dingen dann, wenn der berühmte **Kreuzchor**, einer der traditionsreichsten und berühmtesten Knabenchöre Deutschlands, auftritt. Seit dem Mittelalter ist der Chor in der Kirche zu Hause, die Kruzianer genannten Chormitglieder besuchen alle das evangelische Kreuzgymnasium in Dresden. Bei der Vesper am Samstag kann man den Chor erleben (April–Okt. ab 18 Uhr, Nov.–März ab 17 Uhr).

In 54 m Höhe hat man von der **Aussichtsplattform** der Kirche einen wunderbaren Blick auf die Stadt, vorausgesetzt, man nimmt die 256 Stufen in Kauf.

❯ An der Kreuzkirche 6, Tramhaltestelle: Altmarkt oder Prager Straße, www.kreuzkirche-dresden.de, Mo.–Fr./So. 10–18, Sa. 10–15 Uhr, Kirchenführung: So. nach dem Gottesdienst, Di./Do. nach „Orgel Punkt Drei" und telefonischer Anmeldung. Turmaufstieg bis 30 Min. vor Schließzeit der Kirche, So. ab 12 Uhr, Eintritt: 3 €, erm. 1 €, Familien 5 €

㉙ Kulturpalast ★ [D7]

Der Kulturpalast prägt seit seiner Einweihung als Haus der sozialistischen Kultur im Jahr 1969 das Bild der Dresdner Altstadt. Wolfgang Hänsch und Herbert Löschau entwarfen die Hülle für Dresdens größten Mehrzwecksaal. Neben dem Haus der Presse (s. S. 73) ist der Kulturpalast das herausragendste Dresdner Beispiel für die **DDR-Nachkriegsmoderne**. Entstanden ist ein funktionaler Bau mit großen Glasfassaden und einem Kupferdach. Nach dem Wiederaufbau der Frauenkirche ❷ und den

Rekonstruktionen rund um den Neumarkt ❶ scheint sich der Kulturpalast noch stärker als zuvor von seiner Umgebung abzuheben. Er ist 103 m lang, 72 m breit und bis zum Kupferdach – nur – 29 m hoch. Ursprünglich war an dieser Stelle ein Kulturhochhaus geplant.

Der Kulturpalast ist die Spielstätte der **Dresdner Philharmonie** und Veranstaltungsort der Dresdner Musikfestspiele und des Dixieland Festivals (s. S. 13). Zurzeit befindet sich der Kulturpalast im Umbau. Ziel ist es, die Akustik des großen Saals zu verbessern. Die Pläne orientieren sich dabei an der Berliner Philharmonie.

An der Westseite des Gebäudes (Schlossstraße) ist der „**Weg der roten Fahne**" (1969), ein Wandbild von Gerhard Bondzin, sehenswert, und zwar schon allein deshalb, weil es die Botschaft in Szene setzt, die das Gebäude seinerzeit verkünden sollte: den Siegeszug der Arbeiterklasse.

> ❯ Schlossstr. 2, Tramhaltestelle: Altmarkt, www.kulturpalast-dresden.de

㉚ **Rathaus** ★ [D8]

Das zwischen 1905 und 1910 erbaute Neue Rathaus (Dr.-Külz-Ring, Rathausplatz) ersetzte das Altstädter Rathaus am Altmarkt ㉗, dessen Ruine 1949 abgerissen wurde. Von seiner schieren Größe und der Höhe seines Turms (mit goldenem Rathausmann 100,30 m) konkurriert es mit dem Residenzschloss ⓬ und dessen Hausmannsturm (100,27 m) und genauso war es gedacht: Das Neue Rathaus drückt den Stolz der Dresdner Bürger über ihren gewachsenen politischen Einfluss gegen Ende des Kaiserreiches aus. Die Oberbürgermeisterin und die Stadtverwaltung haben auch heute hier ihren Sitz.

Im Krieg schwer zerstört und nicht vollständig wieder aufgebaut, beeindruckt das im **neobarocken Stil** erbaute Rathaus mit seinen **fünf Innenhöfen** noch immer durch seine Ausmaße. Die Aussichtsplattform des Rathausturms in 68 m Höhe lässt sich bequem mit dem Fahrstuhl erreichen. Der Blick über die Stadt ist großartig. Auf der Spitze des Turmes steht die mehr als fünf Meter große, vergoldete Figur des **Rathausmannes** von Richard Guhr (1910), ein vor Kraft strotzender Herkules. Am Eingang zum Rathausplatz (St. Petersburger Straße) glänzen – Zeugnisse der Bauzeit von 1905 bis 1910 – die

EXTRATIPP

Weiße Gasse

Das **Kneipenviertel** in und um die Weiße Gasse [D7], zwischen Wilsdruffer Straße und Kreuzstraße, lockt Touristen und Dresdner gleichermaßen an. Mehr als 18 Restaurants, Cafés und Bars konzentrieren sich hier um die gerade einmal 100 Meter lange Fußgängerzone: Bürgerliche und internationale Küche? Kein Problem. Wenn es warm genug ist, sind die Tische und Stühle in der Gasse schnell besetzt und im Sommer trifft man sich hier gerne am Gänsediebbrunnen von Robert Diez (1880). Der Brunnen überstand den Zweiten Weltkrieg unzerstört.

> ❯ www.weisse-gasse.de, Tramhaltestelle: Altmarkt o. Pirnaischer Platz

▷ *Ein Relikt aus DDR-Zeiten: der Pusteblumenbrunnen auf der Prager Straße*

vier goldenen Pforten von Karl Groß und die beiden Löwen von Georg Wrba. Die „Trümmerfrau" von Walter Reinhold aus dem Jahr 1952 erinnert an die Aufbauleistung der Frauen nach Ende des Zweiten Weltkrieges.

❯ Dr.-Külz-Ring 19, Tramhaltestelle: Pirnaischer Platz. Der Rathausturm bleibt bis voraussichtlich 2016 wegen Baumaßnahmen am Rathaus geschlossen.

31 Gewandhaus ★ [D7]

Nach der Bombardierung Dresdens durch die preußische Artillerie im Siebenjährigen Krieg (1760) war das 1768 bis 1770 errichtete neue Gewandhaus einer der wichtigsten Neubauten der Stadt. Hier arbeiteten die Fleischer und Gewandschneider. 1925 als Sitz der Stadtbank Dresden umgebaut, im Zweiten Weltkrieg zerstört, ist das Gewandhaus seit dem Wiederaufbau im Jahre 1967 ein Hotel. Ein kleiner Abstecher hierher lohnt sich allein schon wegen des **Dinglinger-Brunnens** auf der Rückseite. Er stammt aus dem zerstörten Stadt-

haus des berühmten Goldschmieds Augusts des Starken. Der handwerklich geschickte, gebürtige Schwabe Johann Melchior Dinglinger (1664–1731) machte in Dresden Karriere und pflegte als gut bezahlter Künstler und Hofjuwelier einen mondänen Lebensstil mit Stadtwohnung und Landhaus an den Loschwitzer Elbhängen.

❯ Ringstraße 1, Tramhaltestelle: Pirnaischer Platz, Tel. 49490, www.radisson blu.de/gewandhaushotel-dresden

32 Prager Straße ★★ [C8]

Die Prager Straße stellt seit 1851 die Verbindung zwischen Altmarkt 27 und Hauptbahnhof 33 her. Sie ist mit 750 Metern **Dresdens längste Fußgängerzone.** Spuren ihrer Geschichte vor 1945 gibt es nicht mehr. Was nach den Bombenangriffen der Alliierten hätte gerettet werden können, wurde abgerissen. So bleibt nur die Erinnerung an den ursprünglichen Zustand von Dresdens berühmtester Straße mit ihren Hotels, Banken, Kaffeehäusern, Müllers großem Spiel-

030dn Abb.: br

zeugland und dem Residenzkaufhaus, an dessen Stelle jetzt das Warenhaus Karstadt steht.

Mit einem Architekturwettbewerb begann 1963 die Neugestaltung und -bebauung des weitläufigen Areals. Entstanden ist ein herausragendes Beispiel des Städtebaus der **DDR-Nachkriegsmoderne**. War die „alte" Prager Straße gerade einmal 18 Meter breit, entschied man sich, die „neue" sehr viel großzügiger anzulegen. Die Fläche füllten hochgeschossige Hotels, eine 240 Meter lange Wohnzeile, das Rundkino und ab 1978 das Centrum Kaufhaus, das aber 2007 abgerissen wurde. 2009 eröffnete dort die Centrum-Galerie (s. S. 17). Peter Kulka, der Architekt des Sächsischen Landtags, zitierte beim Bau der Galerie die berühmten **Aluwaben** des Centrum Kaufhauses und kombinierte sie mit großen Glaswänden.

Zum Abschluss kam das sozialistische Vorzeigeprojekt Prager Straße zu DDR-Zeiten nicht mehr. Erinnerungsstücke finden sich aber immer noch, etwa der **Pusteblumenbrunnen** von Leonie Wirth und das **Völkerfreundschaftsdenkmal** von Wolf-Eike Kuntsche. Neue architektonische Akzente lassen auf sich warten. Mit einer Ausnahme: Der von 1993 bis 1998 gebaute **UFA-Kristallpalast**, ein Kino, ist jedoch zweifellos ein dekonstruktivistischer Akzent, ein Stück **Gegen-Architektur** aus Glas und Beton.

❯ Tramhaltestelle: Prager Straße oder Hauptbahnhof

▷ *Barocke Frauenfigur im Großen Garten*

㉝ Hauptbahnhof ★★ [C9]

Ein bisschen **Berliner-Reichstag-Feeling** kommt auf, wenn am südlichen Ende der Prager Straße ㉜ die Kuppel des Hauptbahnhofs auftaucht. Der Baukünstler ist schließlich derselbe: **Sir Norman Foster.** Der britische Stararchitekt wurde nach der Elbeflut 2002 mit der Sanierung des schwer beschädigten Gebäudes betraut. Die Kuppel über der großen Eingangshalle orientiert sich am Original des 1898 eingeweihten Hauptbahnhofs. **Futuristisch** mutet dagegen Fosters 30.000 m² große **teflonbeschichtete Glasfasermembran** an, die sich als Bahnsteighalle über die Gleise wölbt und nachts strahlend hell leuchtet. Nicht umsonst wurde der Hauptbahnhof 2014 vom Verband Allianz pro Schiene zum schönsten Bahnhof Deutschlands gekürt.

Dresden hat sich in wichtige Kapitel deutscher Eisenbahngeschichte eingeschrieben – etwa mit der **ersten deutschen Ferneisenbahn,** die 1839 von Dresden nach Leipzig fuhr. Es folgte die Streckenverbindung nach Prag in Böhmen, daher hieß der Vorgängerbau des Hauptbahnhofs Böhmischer Bahnhof. Er musste 1898 dem von Ernst Giese und Bernhard Paul Weidner im Stil von Neobarock und Neorenaissance entworfenen Hauptbahnhof weichen. Der kombinierte Kopf- und Durchgangsbahnhof war Ausdruck des sächsischen Selbstbewusstseins um die Jahrhundertwende. Der König empfing im Königspavillon (im Nordwesten des Gebäudes) seine Gäste. Und über allen thronte am Haupteingang die „Saxonia". Dort oben steht sie heute noch und beobachtet, wie der Bahnhof **täglich 60.000 Reisende und Besucher** ein- und ausatmet.

Rund um den Großen Garten

Im grünen Herzen von Dresden geht es herrlich ungezwungen zu. In der einstigen herrschaftlichen Lustgartenanlage gibt es viel Platz und reichlich Gelegenheit für Picknicks, Eisenbahnfahrten, Sonnenanbeten, pures Lustwandeln, Joggen, Theater- und Konzertgenuss oder für sportliche Aktivitäten, denn der Große Garten ist nicht nur die älteste, sondern mit rund 150 Hektar Gesamtfläche auch die größte Parkanlage der Stadt. Ein über 30 Kilometer langes Wegenetz durchzieht den Park auf symmetrischen und gebogenen Pfaden und bildet ein Paradies für Spaziergänger, Radfahrer und Inlineskater. Das 21. Jahrhundert knüpft hier an die glanzvollen kurfürstlichen Zeiten an.

**34 Großer Garten
und Palais** ★★★ **[G10]**

Der Große Garten, der heute so selbstverständlich von der Stadtbebauung umschlossen ist, lag ursprünglich außerhalb der Stadtmauern Dresdens auf grünen Wiesen. Ende des 17. Jh. plante Kurfürst Johann Georg II. eine imposante Jagd- und Gartenanlage in direkter Resi-

⌃ *Das Palais Großer Garten war das erste barocke Gebäude der Stadt*

⌄ *Bunt schillerndes Schmuckstück im Park: der Mosaikbrunnen*

Empfehlenswertes im Großen Garten

> Eine Ruderpartie auf dem **Carolasee** im Sommer. Bootsverleih (und Biergarten) am westlichen Ufer des Sees, geöffnet (Frühjahr bis Herbst): Mo.–Fr. 11–18, Sa./So. 10–19 Uhr, Boot 6 €/Std. Im Winter trifft man sich, wenn möglich, zum idyllischen Schlittschuhlaufen.

★ 114 [F9] **Botanischer Garten der TU Dresden**, Stübelallee 2, http://tu-dresden. de/die_tu_dresden/zentrale_einrich tungen/bg, geöffnet: April–Sept. tägl. 8–18, März/Okt. tägl. 10–17, Feb./ Nov. tägl. 10–16, Jan./Dez. tägl.10– 15.30 Uhr, Eintritt frei, Spende erbeten. In den drei Schaugewächshäusern und dem großen Freigelände wachsen über 10.000 verschiedene Pflanzenarten aus allen Klimaregionen der Welt.

★ 115 [F8] **Die Gläserne Manufaktur**, Lennéstraße 1, Tel. 01805 896268, www. glaesernemanufaktur.de, geöffnet: Mo.– Fr. 8.30–19 Uhr, Sa./So. 9–18 Uhr, sofern keine Veranstaltungen stattfinden, geführter Rundgang nach telefonischer Voranmeldung: So. 16 Uhr, Eintritt: 7 €, erm. 4,50 €. Die Gläserne Manufaktur von Volkswagen kombiniert mit einer Architekturführung durch die futuristisch und transparent gestalteten Produktionsstätten der Luxuslimousine „Phaeton" ist einen Abstecher wert.

S 116 [F9] **Dresdner Minigolfanlage**, Hauptallee/Lennéstraße (neben der Wachstube), www.dresdner-minigolf. de, geöffnet: in der Saison Mo.–Fr. ab 14 Uhr, Sa./So. ab 11 Uhr (wetterbedingte Änderungen je nach Jahreszeit vorbehalten). Ein Match in der Dresdner Minigolfanlage sollte bei einem Parkbesuch nicht fehlen – klassisch auf der Bahn oder auf der Pit-Pat-Anlage (Tisch-Minigolf), jeweils mit 18 Bahnen oder 18 Tischen.

S 117 [E9] **Georg-Arnhold-Bad**, Helmut-Schön-Allee 2, Tel. 4942203, www.dresden.de (Menüpunkt „Kultur und Sport"), Mo./Sa./So. 9–22, Di./ Do. 12–22, Mi./Fr. 10–22 Uhr, Tageskarte 9 €, erm. 5,50 €. Das Freizeitbad liegt direkt neben dem Dynamo-Stadion und ist im Sommer wie im Winter sehr beliebt. Im überdachten Teil des Bades gibt es neben einem großen Erlebnisbereich, Sport- und Planschbecken und Whirlpool auch eine 86 m lange Röhrenrutsche. Über einen kleinen Durchgang schwimmt man hinaus ins Vierjahreszeitenbecken mit integriertem Strömungskanal. Außerdem gibt es im Außenbereich ein solarbeheiztes Schwimmbecken, eine große Liegewiese und allerlei andere Attraktionen. Das Bad besteht

denznähe, die alles Bestehende in den Schatten stellen sollte. Ab 1676 kaufte er hierfür unbebaute Grundstücke zwischen der Pirnaischen Vorstadt und Strehlen auf.

Zunächst setzte man den Entwurf eines Parks mit quadratischer Grundfläche und sternförmigem Wegenetz um. Im Zentrum der Gartenanlage sollte ein **Sommerpalais** entstehen, das nicht als dauerhafte Wohnstät-

te, sondern ausschließlich als Kulisse für Vergnügungen und **ausgelassene Feste** des sächsischen Hofes gedacht war. Der Bau des Gebäudes begann im Jahr 1678 nach Plänen von Johann Georg Starcke. Nach italienischem Vorbild verzichtete man zunächst auf verglaste Fenster und wärmende Öfen. Den Fenstern wurden aber nachträglich doch Glasscheiben eingesetzt, vermutlich nach der küh-

seit 1926 in Dresden und trägt den Namen seines Hauptfinanziers, des Bankiers Georg Arnhold.

S118 [E9] **glücksgas stadion,** Lennéstraße 12, www.dynamo-dresden.de. In der neu gestalteten Spielstätte von Dynamo Dresden, dem Rudolf-Harbig-Stadion (offiziell „glücksgas stadion"), ist das Dresdner Fußballmuseum mit seinen mehr als 10.000 Ausstellungsobjekten rund um den Fußball untergebracht (www.dresdner-fussball-museum.de).

119 [fr] **Junge Garde,** Karcher Allee, www.junge-garde.com. Die Junge Garde ist eine von drei Freilichtbühnen im Großen Garten und bietet rund 4500 Zuschauern Platz. Die Lage im Park und die tolle Akustik machen sie zu einer einzigartigen Open-Air-Konzert-Location in Dresden, die jedes Jahr nationale und internationale Künstler präsentiert.

❯ Für den hungrigen und durstigen Parkbesucher gibt es eine ganze Handvoll **Einkehrmöglichkeiten** im Großen Garten: In den beiden Torhäusern befinden sich die **Wachstube** und die **Torwirtschaft Großer Garten** (s. S. 27), am Carolasee das **Carolaschlösschen** und der **Bootsverleih & Biergarten** sowie das **Sommercafé am Palaisteich** (April–Okt. bei schönem Wetter tägl. ab 11 Uhr).

len Einsicht, dass die Nächte in Mitteldeutschland nicht ganz so mild sind wie die in Süditalien. Das **Palais Großer Garten** (auch Palais Prinz Georg genannt) nimmt eine ganz besondere Rolle in Dresden ein. So war es u. a. ein Schauplatz der Hochzeitsfeierlichkeiten von Kurprinz August von Sachsen, aber auch für unzählige weitere prunkvolle Feste, durch die die Finanzen des sächsischen Hofes erheblich belastet wurden. Vor allen Dingen war es aber das **erste barocke Gebäude** der Stadt und damit stellt es sozusagen den Auftakt für die barocke Neu- und Umgestaltung Dresdens dar.

Ab 1683 übernahm Johann Friedrich Karcher, jetzt unter dem neuen Kurfürsten Johann Georg III., die weitere Konzeption des Großen Gartens. Ganz im Stil des französischen Barock gestaltete er die Parkanlage rechtwinklig und mit **symmetrisch** verlaufenden Wegen. Das Palais lag nun, wie auch heute noch, exakt im Schnittpunkt der beiden Mittelachsen der Parkanlage. Karcher legte von ca. 1684 bis 1694 außerdem rund um das Palais acht quadratische Pavillons, die sogenannten **Kavalierhäuser,** an. Knapp 20 Jahre später ergänzte man auf der Südostseite ein großes **Wasserbecken** – bis heute eine Attraktion, wenn sich die Sonne, die Wolken oder die Silhouetten der Jogger, Inlineskater oder Spaziergänger im Wasser spiegeln. Zahlreiche Skulpturen und Schmuckvasen krönten die Grünflächen oder säumten die Flanierwege. Vermutlich um 1719 war die Gartengestaltung schließlich abgeschlossen.

Während des Siebenjährigen Krieges wurde auch der Große Garten durch die Preußischen Truppen erheblich in Mitleidenschaft gezogen. Zu Beginn des 19. Jahrhunderts (1814) konnte der Park, nachdem die Kriegsschäden beseitigt waren, erstmals auch für die Öffentlichkeit zugänglich gemacht werden. Einige Teile der Gartenanlage wurden umgestaltet, es entstanden u. a. die **Bürgerwiese** und der **Zoo 36** (nach Entwürfen von Peter Joseph Lenné). In seiner grundlegenden barocken Struktur blieb der Park jedoch weitgehend erhalten. Im Zeitraum von 1887 bis 1907 fand im Großen Garten und im eigens dafür errichteten Städtischen Ausstellungspalast dreimal die „Internationale Gartenausstellung Dresden" statt.

Während des Bombardements im Februar 1945 wurden der Park und seine Gebäude stark verwüstet oder fast gänzlich zerstört. Auch das Palais erlitt massive Beschädigungen. Die **Rekonstruktion** des Gebäudes nahm Jahrzehnte in Anspruch und ist bis heute noch nicht gänzlich abgeschlossen. Seit 2002 ist das Palais wieder für Besucher geöffnet und im restaurierten Erdgeschoss erhält man einen sehr guten Eindruck, wie prachtvoll das Gebäude einst ausgestaltet war. Das **Skulpturenlapidarium** zeigt bildhauerische Werke des sächsischen Barock, die aus dem Zwinger ❷ und anderen Schlossgärten Sachsens geborgen wurden. Neben klassischen Konzerten und Kunstausstellungen findet hier jährlich auch der „Dresdner Frühling im Palais" (www.dresdner-fruehling-im-palais.de) statt, eine Blumen- und Floristikausstellung.

Im Westteil des Großen Gartens findet der Besucher zwischen Hauptallee und Zoo ein bunt schillerndes Kleinod mit der Anmutung von Pfauenfedern: den **Mosaikbrunnen**. Er wurde 1926 anlässlich der Internationalen Gartenbauausstellung von Hans Poelzig gestaltet.

❯ **Großer Garten,** Tramhaltestellen: Straßburger Platz, Comeniusplatz, Großer Garten (Hygiene-Museum), Lennéplatz, Querallee und Tiergartenstraße, www.grosser-garten-dresden.de, Parkplätze (gebührenpflichtig): am Georg-Arnold-Bad, an der Hauptallee oder entlang der Tiergartenstraße bzw. in anderen Seitenstraßen

❯ **Palais,** www.palais-grosser-garten.de, www.offenes-palais.de, nur bei Führungen, Sonderausstellungen oder anderen Veranstaltungen geöffnet, Führungen: April–Okt. Mi. 14.30 Uhr, 4 €, erm. 2 €, Eingang NW-Eckraum, Stadtseite

㉟ Dresdner Parkeisenbahn ★★ [F10]

Ein lauter, langgezogener Pfiff ertönt, dicke graue Rauchschwaden zwirbeln durch das Laub der Bäume im Großen Garten ㉞ und der ahnungslose Besucher wird von einer putzig anmutenden **Liliput-Eisenbahn** überrascht, die sich durch den Park schlängelt. Es ist die Dresdner Parkeisenbahn, die wohl schon bei so manchem Eisenbahnfan Begehrlichkeiten geweckt hat. Doch selbst eine Spurweite von nur 381 Millimeter (15 Zoll) dürfte für den eigenen Garten ein wenig zu groß sein. Auf einer Strecke von fast sechs Kilometern verkehrt sie in der größten Parkanlage Dresdens und ist enorm beliebt.

Die Tradition einer Eisenbahn im Großen Garten reicht bis in die 1930er-Jahre zurück. Zu dieser Zeit fuhren die kleinen Bahnen anlässlich von Hygiene- und Gartenbauausstellungen auf dem Parkgelände. Nach dem Ende des Zweiten Weltkrieges war der erste **Internationale Kindertag in der DDR** im Jahr 1950 Anlass, in der kriegszerstörten Stadt wieder eine Kindereisenbahn aufzubauen. Ab 1951 nannte man die Parkbahn regimekonform „Pioniereisenbahn" und so hieß sie bis 1990, als sie ihren bis heute gültigen Namen, Dresdner Parkeisenbahn, erhielt.

Nicht nur durch ihre besonderen Ausmaße zeichnet sich die Parkeisenbahn aus, sondern auch dadurch, dass **Kinder und Jugendliche** ehrenamtlich einen Großteil der Aufgaben übernehmen und z. B. als Kartenverkäufer, Zugbegleiter oder Schrankenwärter arbeiten. Lediglich die Ämter des Bahnhofsleiters und der Zugführer werden von Erwachsenen ausgeübt.

Die Parkeisenbahn fährt hauptsächlich westlich der Hauptallee durch den Park und hält an fünf Stationen. Zusteigen kann man, wo man möchte, Tickets gibt es für einzelne Stationen oder für die gesamte **Rundfahrt** zu kaufen, die ca. eine halbe Stunde dauert. Mit gemütlichen 20 km/h zuckelt man durch den Park und sitzt dabei je nach Wetterlage in einem der offenen oder überdachten Personenwagen, die von einer Elektrolok oder einer Dampflokomotive gezogen werden.

❯ Tramhaltestellen: Straßburger Platz „VW Manufaktur", Großer Garten, Querallee, www.parkeisenbahn-dresden.de, Saison: April–Okt., Fahrzeiten: Di.–So. u. Feiertag 10–18 Uhr (Juli–Aug. auch Mo. 10–18 Uhr) alle 15 bzw. 30 Min., Fahrpreise: zwei Stationen 2 €, erm. 1 €, vier Stationen 4 €, erm. 2 €, fünf Stationen 5 €, erm. 2,50 €. Kinder unter 2 Jahren und Geburtstagskinder fahren kostenlos mit.

🔴36 Zoo Dresden ⭐ [F10]

Der Zoo Dresden nimmt den südwestlichen Teil des Großen Gartens 🔴34 ein. Auf dem ca. 13 Hektar großen Areal können sich die Besucher auf eine Weltreise durch die vielfältige Tierwelt begeben. Es gibt **mehr als 2000 Tiere** aus 334 Arten zu bestaunen, davon allein 79 verschiedene Säugetierarten wie Löwen, Elefanten, Kängurus, Faultiere und Orang-Utans. Einige der Bewohner sind manchem Besucher vielleicht noch als erfolgreiche TV-Stars aus der ZDF-Doku-Serie „Dresdner Schnauzen" bekannt.

Der Zoo Dresden ist der viertälteste Zoo Deutschlands und öffnete seine

Tore erstmals 1861. Entstanden ist er aus einem „Verein für Geflügelzucht" Mitte des 19. Jahrhunderts, als es in Deutschlands Großstädten in Mode kam, einen Zoo zu haben. Der sächsische **König Johann** unterstützte das Zooprojekt damals entscheidend, denn er stellte einen Teil des Königlichen Großen Gartens zur Verfügung.

Große Anerkennung erlangte der Zoo durch seine Erfolge in der **Orang-Utan-Zucht.** In den letzten Jahren wurden viele der Anlagen modernisiert, um den Tieren mehr und vor allem einen natürlich nachempfundenen Lebensraum zu schaffen. Besonders stolz ist man auf die neue **Afrika-Anlage** und das **Prof. Brandes-Haus**, einem Tropenhaus für Faultiere, Affen, das 4,50 m lange Leistenkrokodil „Max" und zwei Koala-Männchen.

❯ Tiergartenstraße 1, Tramhaltestelle: Zoo, Tel. 478060, www.zoo-dresden.de, geöffnet: Sommer tägl. 8.30–18.30 Uhr, Frühling u. Herbst tägl. 8.30–17.30 Uhr, Winter tägl. 8.30–16.30 Uhr, Eintritt: 12 €, erm. 8 €, Kinder 3–16 Jahre 4 €, Familienkarte (2 Erw. und 4 Kinder) 30 €, Mo. (außer an Feiertagen) Erw. nur 8 €, Kassenschluss: 45 Min. vor Schließung

🔴37 Deutsches Hygiene-Museum ⭐⭐⭐ [E8]

Für damalige Verhältnisse war dieses Exponat geradezu revolutionär: „Der Gläserne Mensch". Bei der Zweiten Internationalen Hygiene-Ausstellung im Jahr 1930 in Dresden war das transparent gestaltete Abbild eines (weiblichen) menschlichen Körpers die Hauptattraktion, konnte man doch zum ersten Mal dem Menschen förmlich „unter die Haut schauen".

Während die zweite Ausstellung im neu entstandenen Museumsbau nordwestlich des Großen Gartens 🔴34

034dn Abb.: dhmdok

besucht werden konnte, fand die Erste Internationale Hygiene-Ausstellung im Jahr 1911 noch auf dem Ausstellungsgelände am Straßburger Platz statt. Diese erste Hygiene-Ausstellung in Dresden war damals ein Meilenstein in der gesundheitlichen Aufklärung der Bevölkerung gewesen. Über fünf Millionen Besucher aus allen Schichten der Gesellschaft informierten sich in der hochmodernen und sehr anschaulichen Ausstellung über die Anatomie des menschlichen Körpers, Gesundheitsvorsorge und Ernährung.

Organisiert und gefördert wurde die Ausstellung durch den in Gesundheitsfragen sehr engagierten Dresdner Fabrikanten und „Odol-König" **Karl August Lingner**. Aus dem Konzept der Ausstellung ging schließlich der Bau des Deutschen Hygiene-Museums hervor: ein modernes und funktionales Gebäude mit **monumentalen** äußeren Zügen und klar vernehmbaren Anklängen des Bauhausstils in seinem Inneren.

„Der Gläserne Mensch" ist übrigens heute noch Publikumsmagnet und Hauptbestandteil in einem der sieben Themenräume der **Dauerausstellung „Abenteuer Mensch"**. Weitere Themenräume auf insgesamt 2500 m² Ausstellungsfläche rund um das menschliche Leben sind „Leben und Sterben", „Essen und Trinken", „Sexualität", „Erinnern – Denken – Lernen", „Bewegung" und „Schönheit, Haut und Haar". Neben der Dauerausstellung gibt es abwechslungsreiche Sonderausstellungen.

Eine Besonderheit des Deutschen Hygiene-Museums ist, dass es ein eigenes **Kinder-Museum** integriert hat, in dem junge Besucher von vier bis zwölf Jahren die eigenen fünf Sinne erleben und erkunden können. Auf ca. 500 Quadratmetern kann hier interaktiv mit Sehen, Hören, Fühlen, Riechen und Schmecken experimentiert werden.

Vor dem Museum steht die ca. 4 m hohe **Kupferplastik „Ballwerfer"** (1907) von Richard Daniel Fabricius. Der Bildhauer hatte für den muskulösen Körper ein reales Motiv, den sächsischen Schwergewichtsmeister und Modellathleten **Ewald Redam.**

❯ Lingnerplatz 1, Tramhaltestelle: Deutsches Hygiene-Museum, Tel. 4846400, www.dhmd.de, Öffnungszeiten: Di.–So., Feiertag: 10–18 Uhr (letzter Einlass 17.30 Uhr), Mo. geschl. (außer an Feiertagen!), 1. Jan., 24./25. Dez. geschl., Eintritt (für zwei Tage gültig): 7 €, erm. 3 €, bis 16 Jahre frei, Fr. ab 15 Uhr Eintritt die Hälfte, Familienkarte (2 Erw. und mindestens 1 Kind) 11 €

Die Innere Neustadt

Über die Augustusbrücke gelangt man in wenigen Minuten von der Altstadt auf die Neustädter Seite von Dresden. Nach dem Füllhorn an Prachtbauten in der Altstadt gibt es hier deutlich mehr Raum und auch der Touristenstrom wirkt ein wenig entzerrt.

Die Neustädter Seite braucht den Vergleich mit der Altstadt dennoch nicht zu scheuen. Mit der Hauptstraße und der Königstraße, dem Goldenen Reiter, dem Japanischen Palais, dem Jägerhof und der Dreikönigskirche hat sie ihre ganz eigenen herausragenden Sehenswürdigkeiten. Die bemerkenswerten Fassaden des Blockhauses, des Finanzministeriums und der Staatskanzlei tragen ihren Teil dazu bei. Grüne Erholungsoasen finden sich u. a. auf den Elbwiesen und im Rosengarten.

Der Name „Neustadt" ist ein klein wenig irreführend, denn historisch betrachtet ist die Neustadt nicht wirklich neuer als die Altstadt. Dresden wuchs aus zwei zunächst eigenständigen Städten zusammen – Dresden auf der linken und **Altendresden** auf der rechten Elbseite. An einem Augusttag im Jahr 1685 wütete eine Feuersbrunst im Stadtviertel auf der rechten Elbseite und zerstörte fast das gesamte Altendresden. Über 300 Häuser fielen den Flammen zum Opfer. August I., der Kurfürst von Sachsen (und König August II. von Polen), setzte sich stark für den Wiederaufbau von Altendresden ein und es entstand die barocke **Neue Königsstadt,** so der offizielle Name des Viertels ab 1732. Über die Jahre wurde die Neustadt aus ihr.

Nach erheblichen und teilweise irreparablen Kriegsschäden wird durch engagierte Rekonstruktionsarbeiten die frühere barocke Schönheit der Neuen Königsstadt in Teilen wieder sichtbar gemacht. Dies bezeugen die bunten und reich geschmückten **barocken Fassaden** in der Haupt- und der Königstraße.

38 Augustusbrücke ★★ [D6]

Die Augustusbrücke verbindet den Neustädter Markt auf der rechten mit dem Schlossplatz auf der linken Elbseite. Viele Jahrhunderte lang war diese 1275 zum ersten Mal erwähnte Elbbrücke die einzige Flussquerung in Dresden.

Für die aufstrebende Stadt war die Brücke enorm wichtig: Reisende, Handwerker und Kaufleute waren auf diese Verbindung angewiesen und der Brückenzoll, den jeder Einzelne entrichten musste, füllte den Stadtsäckel. Die Stadt wuchs und August der Starke (s. S. 60) wünschte sich

◁ *Ein Besuch im Deutschen Hygiene-Museum ist ein Erlebnis für alle Sinne*

1728 einen Ausbau der Brücke, damit sie den erhöhten Anforderungen gewachsen bleiben und eine repräsentative Einlasspforte in seine kurfürstliche Residenz darstellen konnte. Der berühmte Baumeister des Zwingers ❷❶, Oberlandbaumeister **Matthäus Daniel Pöppelmann**, wurde mit der Ausführung beauftragt. Er reduzierte die Zahl der Brückenbögen, um mehr Platz für die Schiffe zu schaffen, und ließ die kleinen, hervorstehenden Nischen mit den Steinbänken errichten, die es heute noch gibt.

Anfang des 20. Jh. musste Pöppelmanns Umbau einem Neubau weichen, weil die verkehrstechnischen Anforderungen an die Brücke erneut gestiegen waren. Dem Architekten Wilhelm Kreis gelang es zwischen 1907 bis 1910, die barocke Anmutung Pöppelmanns beizubehalten und eine für damalige Verhältnisse technisch hochmoderne Brücke zu bauen – eine der ersten Betonbrücken überhaupt, die er mit Sandstein verkleiden ließ. Die neue, alte Brücke ließ mit jetzt nur noch **neun Brückenbögen** noch mehr Platz für den Schiffsverkehr.

Die Augustusbrücke ist rund 300 m lang und 18 m breit und sie ist vor allem für die Straßenbahnen von großer Bedeutung. Für den Autoverkehr sind die anderen Dresdner Brücken inzwischen wichtiger geworden.

An das Elbehochwasser im Jahr 2002 erinnert seit 2006 die Metallplastik „Die Woge" (s. S. 36) des Dresdner Künstlers Tobias Stängel. Bitte nicht wundern, verliebte Paare nutzen das Denkmal gerne, um sogenannte Liebesschlösser zu befestigen – als Zeichen ihrer untrennbaren Liebe.

❯ Tramhaltestelle: Theaterplatz oder Neustädter Markt

❸❾ **Das Königsufer** ★ [D6]

Im weitesten Sinne zählt der gesamte rechtselbische Bereich zwischen Marien- [C5] und Albertbrücke [F6] zum Königsufer. Offiziell benannt ist so nur das Areal zu beiden Seiten der Albertbrücke. Das Königsufer ist das offene und grüne Gegenstück zur komplett bebauten linken Uferseite. Es natürlich zu belassen, hatte nicht nur ästhetische Gründe. Die Hochwassergefahr hatte man frühzeitig im Blick und so ließ man der Elbe eine der Uferseiten, die sie übertreten konnte, um so die Stadt zu schützen.

Markant sind die beiden Ministeriengebäude – das **Finanz- und Kultusministerium** (zwischen Augustusbrücke ❸❽ und Carolabrücke [E6]) mit seinem großen bunten Giebeldreieck und die **Staatskanzlei** (zwischen Carolabrücke und Albertbrücke) mit der goldenen Königskrone auf der Turmspitze. Beide Gebäude entstanden in den letzten Jahren des sächsischen Königreiches (Ende 19. Jh./Anfang 20. Jh.). Die Staatskanzlei ist heute u. a. Sitz des sächsischen Ministerpräsidenten.

Unterhalb des Finanz- und Kultusministeriums gibt es zur Elbe hin eine kleine Freilichtbühne, die Veranstaltungsort der **Filmnächte am Elbufer** (s. S. 13) ist. An der Staatskanzlei vorbei, durch den Staudengarten mit der anmutigen Statue des Bogenschützen und unter der Albertbrücke hindurch, kommt man zum Rosengarten [F5]. Die kleine Oase mit Café ist bei freiem Eintritt ganzjährig geöffnet.

❯ Tramhaltestelle: Neustädter Markt, Carolaplatz oder Rosa-Luxemburg-Platz

▷ *Dem Hofnarren wurde an der Elbe ein Denkmal gesetzt*

„Alles Scheiße, deine Elli" – das Hofnarr-Fröhlich-Denkmal

Am Kopf der Augustusbrücke auf Neu-städter Seite (auf die Elbe blickend lin-ker Hand vor dem Sommerlokal Augustus Garten) findet man eine Bron-zeplastik des **Hofnarren Fröhlich** *(1694-1757). Sie zeigt ihn mit für ihn typischen närrischen Attributen - u. a. Schwein, Eule und Pavian. Und als selbsternannter Bürgermeister von Narrendorf trägt er ein großes,* **rundes Medaillon.**

Der gelernte Müller, Taschenspiel-ler und Künstler ist, neben dem Kur-fürsten selbst, eine der bekanntesten Persönlichkeiten des Augusteischen Zeitalters. Im Jahre 1727 wurde **Joseph Fröhlich** *in Dresden zum haus-eigenen* **Possenreißer** *im Gefolge Au-gusts des Starken. Der Kurfürst schien ein Faible für seine derben Späße zu haben und Hofnarr Fröhlich genoss eine großzügige sprichwörtliche* **Narrenfreiheit.** *Er übte ganz offen Kritik am sächsischen Hof und dessen Ver-schwendungssucht und erlangte da-mit eine große Bekannt- und Beliebt-heit. Auch unter dem Sohn Augusts des Starken blieb er noch am sächsi-schen Hofe, wurde in seinen Freiheiten jedoch eingeschränkt - vielleicht nicht zuletzt, weil er den überaus einfluss-reichen sächsischen Premierminister Heinrich Graf von Brühl zu gern auf die Schippe nahm.*

1755 baute er sich an der Augus-tusbrücke ein eigenes Palais - von ihm scherzhaft „Kleinmoritzburg" ge-tauft, im Volksmund „Narrenhäusel" genannt. Zwei Jahre nach dem Bau starb Joseph Fröhlich. Sein Haus, u. a. als beliebte Gaststätte genutzt, wur-de während des Bombenangriffs auf Dresden 1945 komplett zerstört. Spä-ter setzte man ihm an der Stelle, an der sein Haus einst stand, ein Denk-mal - als Erinnerung an den wohl be-kanntesten sächsischen Hofnarren.

Nur wenigen ist diese subtil-politi-sche Anekdote zum Denkmal bekannt: Als die von **Heinrich Apel** *geschaffene* **Bronzeplastik** *1978 aufgestellt wur-de, konnten die Dresdnerinnen und Dresdner zu ihrer heimlichen Freu-de auf dem Medaillon des Hofnarren in Spiegelschrift lesen:* **„Alles Schei-ße, deine Elli"** *- eine scherzhaft-resi-gnierende, umgangssprachliche Re-densart zur Alltagssituation in der ehemaligen DDR. Diese vom Künstler initiierte „Narretei" hatte leider nur wenige Tage Bestand. Die Behörden der Stadt bezogen den vorgehaltenen Spiegel wohl zu Recht auf sich selbst und ließen den Spruch sofort* **entfer-nen.** *Wer aber genau hinschaut, der erkennt heute noch die Retuschen auf der Oberfläche des Medaillons.*

035dn Abb.: br

40 Jägerhof – Museum für Sächsische Volkskunst mit Puppentheatersammlung ★ [D5]

Dieses helle burgartige Gebäude mit den drei schwungvoll abgerundeten Türmen passt auf den ersten Blick irgendwie so gar nicht an den Platz, auf dem es steht, und sein Name trägt nicht unbedingt dazu bei, die **Irritation** aufzulösen. Der Jägerhof steht inmitten urbaner Bebauung. Wo ist der Wald, wo ist das Wild?

Ende des 16. Jahrhunderts sah es hier freilich noch ganz anders aus – Grün umgab die Stadtmauern von Dresden, und um die **Jagdleidenschaft** in der nahen Dresdner Heide auskosten zu können, wurde 1568 auf dem Gelände eines ehemaligen Klosters der Jägerhof gegründet. Er bot Platz für alles, was man zur Jagd so brauchte – Hunde, Waffen und allerlei Ausrüstungsgegenstände.

Mit der Zeit änderten sich die Gepflogenheiten der kurfürstlichen Herrschaften und der Jägerhof verlor an Bedeutung, wurde kurzfristig als Kaserne (Mitte 19. Jh.) genutzt, umgebaut und stand schließlich kurz vor einem kompletten Abriss. Heimatbewusste Dresdner gründeten den Verein für sächsische Volkskunde und retteten das Gebäude, in dem 1913 das **Museum für Sächsische Volkskunst** entstand.

2010 wurde der Jägerhof komplett saniert und erhielt ein neues Ausstellungskonzept. Für Erwachsene und Kinder eröffnet sich in den 400 Jahre alten Gemäuern eine wunderbare Welt mit erzgebirgischen Schnitzereien, zauberhaftem Spielzeug, kunstvollen Webarbeiten, Trachten und vielem mehr. Obendrein gibt es noch eine der größten und bedeutendsten **Puppentheatersammlungen** der Welt zu bestaunen. Zu Ostern und Weihnachten veranstaltet der Jägerhof regelmäßig Sonderausstellungen.

❯ **Museum für Sächsische Volkskunst mit Puppentheatersammlung**, Köpckestraße 1, Tramhaltestelle: Carolaplatz, Tel. 49142000, www.skd.museum, Öffnungszeiten: Di.–So. 10–18 Uhr, Mo. geschl., Eintritt: 3 €, erm. 2 €, Kinder u. Jugendliche unter 17 Jahre frei

41 Goldener Reiter ★★★ [D5]

Schon von Weitem sieht man ihn im Sonnenlicht funkeln, den Goldenen Reiter. Das **Reiterstandbild Augusts des Starken** in Cäsaren-Pose mit sich aufbäumendem Hengst steht im Zentrum des Neustädter Marktes am südlichen Anfang der Hauptstraße 42.

Warum schaut er denn nicht auf seine schöne Stadt, sondern kehrt ihr den Rücken zu? Das wird sich sicher schon der ein oder andere Besucher gefragt haben, als er vor dem Reiterstandbild stand. Die Antwort auf diese Frage ist auf der Inschrift am Sockel zu lesen: Der **Kurfürst von Sachsen** (August I.) war seit 1697 auch **König August II. von Polen**. Im Gedenken an seine Königswürde ist sein

EXTRATIPP

Sarrasanibrunnen

An einem Häuserknick an der Sarrasanistraße (an der Tramhaltestelle Carolaplatz) ist ein wunderschönes Kleinod „versteckt", der **Sarrasanibrunnen**. An der Stelle, an der bis 1945 das Gebäude des Zirkus Sarrasani stand, tanzt heute zu Ehren des Zirkus eine Elefantengruppe auf dem Brunnenrand und sprüht eine Wasserfontäne in den umgestülpten Regenschirm eines Clowns.

Blockhaus

Das **Blockhaus** markiert den südlichen Anfangspunkt der Hauptstraße. Es entstand 1732 am Brückenkopf der Augustusbrücke und blieb bis 1749 unvollendet. Seinen Namen verdankt das Gebäude seiner blockartigen Form und seiner Funktion als Zoll- und Kontrollstation. Sechs Jahre später, nach weiteren Arbeiten am Gebäude, wurde hier die Neustädter Wache untergebracht.

Nachdem das Blockhaus im Laufe der Jahre überwiegend militärisch genutzt wurde, ist es heute Eigentum des Freistaates Sachsen und u. a. Sitz der Sächsischen Akademie der Künste.

★120 [D6] **Blockhaus,**
Neustädter Markt 19

goldenes Konterfei **in Richtung Nordosten** gewandt – hin zum Königreich.

Hinter der Blattgold-Außenschicht verbirgt sich eine kupferne Hülle auf einem stabilen Eisengerüst. Die Zeit des Zweiten Weltkriegs überstand die Statue unversehrt in Pillnitz in einem Felsenkeller. Seit es 2011 vandalistische Übergriffe auf das Reiterstandbild gab – man brach seine Schwertscheide und einem Löwenkopf des Sockels die sandsteinernen Zähne ab – wird er sehr sorgsam überwacht und es gibt Überlegungen, das Reiterstandbild komplett einzuzäunen.

❯ Tramhaltestelle: Neustädter Markt

㊷ Hauptstraße ★★ **[D5]**

Am Neustädter Markt beginnt die Hauptstraße. Der knapp 500 Meter lange **Boulevard** ist gänzlich **Fußgängern vorbehalten** und durch Grünanlagen in drei Flanierwege geteilt, die von großen, Schatten spendenden Platanen gesäumt werden. Zwischendrin finden sich barocke Skulpturen, Brunnen und Parkbänke, die zum gemütlichen Verweilen einladen.

Die Hauptstraße entstand ab 1727 und wurde wegen der besseren perspektivischen Wirkung am Neustädter Markt deutlich breiter angelegt als am heutigen Albertplatz ㊸. Bis ins 18. Jahrhundert war sie die prächtigste Promenade der Stadt, dann lief ihr die Brühlsche Terrasse ❻ diesen Rang ab.

Kriegszerstört musste sie zu DDR-Zeiten als „Straße der Befreiung" leider städtebauliche Sünden über sich ergehen lassen. Einige der barocken Bürgerhäuser konnten jedoch wieder restauriert werden, besonders schön sind z. B. die Fassaden des **Kügelgenhauses** (s. S. 33) und des **Societaetstheaters** (s. S. 31). Ersteres ist das ehemalige Wohnhaus des Malers Gerhard von Kügelgen und beherbergt das Museum der Dresdner Romantik mit Werken des Künstlers. Das Programm im Societaetstheater ist sehr abwechslungsreich – von Sprech- über Musik- bis hin zu Figurentheater mit dem Fokus auf Gegenwartsthemen.

Die Hauptstraße ist ein Teil des **Barockviertels** (s. S. 16), das u. a. auch die benachbarte Königstraße ㊹ mit einschließt. In der Hauptstraße gibt es neben einer Vielzahl an Restaurants und Cafés auch zahlreiche Einkaufsmöglichkeiten. Eine besondere Adresse befindet sich in einer Seitenstraße der Hauptstraße – die **Neustädter Markthalle** (s. S. 19). Fertiggestellt 1899 war sie der ganze Stolz der wachsenden Stadt und ihrer Bürger, hatte man doch jetzt ein eindrucksvolles und vor allem wetterfestes Gebäude, um an 213 Verkaufs-

036dn Abb.: br

ständen den Markt abzuhalten. Der 1945 teilweise zerstörte **Gründerzeitbau** war ab 1967 Eigentum der Konsumgenossenschaft und eine ganz normale DDR-Kaufhalle. Nach der Wende wurde die Markthalle umfassend saniert und seit 2000 ist sie wieder Ort bunten Markttreibens. Mit ihrem großen, luftigen und lichtdurchfluteten Innenraum und den kunstvollen, schmiedeeisernen Treppen ist die Neustädter Markthalle ein echtes Kleinod und wunderschönes Gegenstück zum x-beliebigen, rein funktional eingerichteten Supermarkt. Ein kleiner Abstecher hierher lohnt sich.

Die Hauptstraße ist das ganze Jahr über immer wieder Schauplatz für verschiedene **Festivitäten:** Hier wird z. B. der **Neustädter Frühling** (www. goldener-reiter.com) gefeiert oder es findet der **Dresdner Töpfermarkt** (www.toepfermarkt-dresden.de) statt und im Dezember ist die Hauptstraße schließlich Bühne für einen eigenen **Weihnachtsmarkt** mit kleinen bunten Verkaufsständen und großem Riesenrad.

> Tramhaltestelle: Neustädter Markt, Albertplatz oder Carolaplatz, www.hauptsache-hauptstrasse.de und www.barockviertel.de

43 Dreikönigskirche ★ **[D5]**

Die evangelische Dreikönigskirche mit dem schlanken, **geschwärzten Sandsteinturm** und dem freundlich, hellen Unterbau, die nach den Heiligen Drei Königen benannt ist, befindet sich direkt an der Hauptstraße **42**. Ihre Geschichte reicht bis ins Mittelalter zurück und ist nicht minder turbulent wie die der anderen namhaften Kirchen Dresdens. Beim großen Brand auf der rechten Elbseite im Jahr 1685 wurde sie wie viele andere Gebäude komplett zerstört. Schnell errichtete man ein neues Kirchenhaus, das schon 1688 fertiggestellt werden konnte. Allerdings passte der neue Kirchenbau nicht in das neue **barocke Bebauungskonzept**, das August der Starke sich für das Areal des zerstörten Altendresden wünschte. Die Kirche stand schließlich mitten auf der neuen Prachtallee, der Hauptstraße.

Nach einigem Hin und Her wurde die Kirche 1731 wieder abgerissen und August der Starke versprach, die Kosten für den Neubau zu übernehmen. Ein Jahr später legte man den Grundstein für die neue Dreikönigskirche. Sie wurde zunächst noch nach den Entwürfen von Pöppelmann, später nach den überarbeiteten Plänen von George Bähr errichtet und 1739 feierlich eingeweiht. Die Dreikönigskirche war nun bestmöglich in die barocke Neue Königsstadt einge-

⌃ *Barocker Fassadenschmuck am Societaetstheater (s. S. 31)*

⌄ *Die Dreikönigskirche entging nur knapp den Abrissplänen des DDR-Regimes*

gliedert. Aufgrund der besonderen Konzeption des Areals lag ihre Eingangsseite nun im Osten zur Hauptstraße hin und ihr **Altar im Westen.**

Der **Turm** an der Westseite der Kirche konnte zunächst wegen Geldmangels nicht fertiggestellt werden. Er wurde erst in der Mitte des 19. Jh. zu seiner jetzigen Größe von 87 m ausgebaut. Die Aussichtsplattform in 45 Metern Höhe erreicht man nach einem Aufstieg über 240 Stufen. Bis 1887 war die Dreikönigskirche im Übrigen die einzige evangelische Pfarrkirche in der Dresdner Neustadt. Erst ab dann entstanden durch den Bau der Martin-Luther-Kirche und weiterer Kirchen neue evangelische Gemeinden.

Der **Zweite Weltkrieg** hinterließ von der Dreikönigskirche nur eine Ruine, lediglich der Turm hatte den Bombenhagel halbwegs unversehrt überstanden und seine Turmkapelle war nun für Jahre der Ort, an dem die Gottesdienste stattfanden. Nachdem die DDR-Führung die Dreikönigskirche schon hatte abreißen lassen wollen, wurde 1977 doch die Genehmigung für den Wiederaufbau erteilt. Die barocke Außenfassade blieb erhalten, der Innenraum aber wurde komplett neu und modern gestaltet und es wurden mehrere Veranstaltungsräume integriert. Dadurch verkleinerte sich der Kirchenraum, in dem die Gottesdienste stattfinden, von einst 3000 auf 460 Sitzplätze. Heute versteht sich die Dreikönigskirche als **Haus der Bildung und der Begegnung** mit einem breiten Veranstaltungsangebot von Konzerten bis hin zu Ausstellungen und Seminaren.

› **Dreikönigskirche – Haus der Kirche,** Hauptstraße 23, Tramhaltestelle: Albertplatz, Tel. 8124101, www.hdk-dkk.de, Konzertkartenbestellung: Tel. 8124102, Öffnungszeiten für Turmbesteigung (Eingang D): März–Okt. Mo. geschl., Di. 11.30–16, Mi.–Sa. 11–17, So./Feiertag 11.30–17 Uhr, Nov.–Feb. Mo./Di. geschl., Mi. 12–16, Do./Fr. 10–16, So./Feiertag 11.30–16.30 Uhr, Eintritt: 3 €, erm. 2 €, Kinder bis 10 Jahre frei

EXTRAINFO

Schillerdenkmal

Der große Dichter und Dramatiker **Friedrich Schiller** wohnte auch eine Zeit lang (1785 bis 1787) in Dresden und schrieb hier nichts Geringeres als seine „Ode an die Freude" (Textgrundlage der Europahymne) und vollendete sein Drama „Don Carlos". Ihm wurde auf der rechten Seite der Hauptstraße (zwischen Albertplatz **44** und Dreikönigskirche **43**) ein überlebensgroßes, **weiß leuchtendes Marmordenkmal** (1913, Selmar Werner) gesetzt. Die Umfriedung des Denkmals ist mit Reliefszenen aus seinen literarischen Werken geschmückt.

44 Albertplatz und Erich Kästner Museum ★★ [E4]

Als kurz nach Beginn des 19. Jh. die alte Neustädter Stadtfestungsanlage aufgehoben wurde, plante man anstelle des alten Nordtores (dem sogenannten Schwarzen Tor) einen repräsentativen Rundplatz. 1817 wurde unter der Leitung des Hofbaumeisters Gottlob Friedrich Thormeyer der „Bautzner Platz" angelegt. Später benannte man ihn – nach dem König Albert von Sachsen – in Albertplatz um.

Neun Straßen führen **sternförmig** aus allen Himmelsrichtungen zum Albertplatz und um ihn herum, die zehnte tangiert ihn im Norden. Zunächst eher ein beschaulicher Ort zum Flanieren entwickelte sich der Platz mit der Zeit immer mehr zum **Verkehrsknotenpunkt** der Dresdner Neustadt. Heute ist er wichtiger Umsteigepunkt für fünf Straßenbahnlinien, deren Haltestellen sich mitten auf dem Platz befinden.

Der Mittelpunkt des Albertplatzes wird durch zwei Grünanlagen mit beeindruckenden **Zwillingsbrunnen** von den ihn umfließenden Verkehrsadern abgeschirmt. Der Bildhauer Robert Diez schuf von 1887 bis 1894 die Brunnen „**Stille Wasser**" (im Osten) und „**Stürmische Wogen**" (im Westen). „Stürmische Wogen" erlitt im Zweiten Weltkrieg starke Beschädigungen. Seine Überreste wurden eingelagert und an seinem Platz ein Sowjetisches Ehrenmal aufgestellt. 1993 wurde das Ehrenmal umgesetzt und ein Jahr später fand der restaurierte Brunnen an seinen angestammten Platz zurück. Die beiden Brunnen sind nicht nur über 100 Jahre alt, sie können sogar einen Ausflug nach Paris vorweisen. Hier waren sie nämlich zur Weltausstellung 1900 als Modell für die deutsche Gießereitechnik ausgestellt.

An der Nordostflanke des Albertplatzes, zwischen Antonstraße und Carolinenstraße, befindet sich das **Erich Kästner Museum**, in dem Faksimiles, Fotos, Briefe, Audiomaterialien und natürlich Sekundärliteratur über das Leben und Werk Kästners informieren. Der Besucher ist in diesem Museum eingeladen, neugie-

76dn Abb.: br

rig zu sein und sich auf die Suche zu begeben, denn die Exponate verbergen sich in schlanken, mobilen Säulen mit Schubladen, Regalen und Ablagefächern, die der Besucher selbst erkunden kann. Der Ort für das Museum zu Ehren des Schriftstellers ist nicht zufällig gewählt: Es ist im Erdgeschoss der ehemaligen Villa seines Onkels Franz Augustin untergebracht. Dem jungen Erich Kästner bereitete es in seiner Kindheit Vergnügen, auf der Grundstücksmauer zu sitzen und dem geschäftigen Treiben auf dem Albertplatz zuzuschauen. Und noch heute begrüßt er – oder vielmehr sein in Bronze gegossenes, junges Konterfei – von diesem Ort aus seine Gäste.

> **Erich Kästner Museum,** Antonstraße 1, Tramhaltestelle: Albertplatz, Tel. 8045086, www.erich-kaestner-museum.de, geöffnet: So.–Fr. 10–18 Uhr, Do. nur für angemeldete Gruppen, Sa. geschl., Eintritt 4 €, erm. 3 €, Familien 10 €, Kinder unter 6 Jahren frei

🄺 Königstraße ★ [D5]

Heute wie damals erstrahlen die **barocken Bürgerhäuser** der Königstraße in hellen und freundlichen Farben und bezaubern mit kunstvoller, illusionistischer Fassadenbemalung. Dass die Königstraße den Zweiten Weltkrieg und die nachfolgenden Jahrzehnte des DDR-Regimes mit nahezu vollständig erhaltener Bausubstanz überstanden hat, grenzt fast an ein Wunder. Während in direkter Nachbarschaft die Kriegswunden in der Hauptstraße 🄸 mit sozialistischem „Plattenbaucharme" geschlossen wurden, bröckelten die

◁ *Granit, Bronze und Wasser: Zwillingsbrunnen am Albertplatz*

barocken Schönheiten in der Königstraße vor sich hin. Nach der Wende engagierten sich überwiegend private Investoren für den Erhalt der Gebäude in der Königstraße und den umliegenden kleineren Gassen und ließen die „alte" Schönheit neu erblühen. Die Königstraße ist heute wieder das, was sie auch schon früher ausstrahlte – vornehm, nobel und von einer gewissen **höfischen Eleganz.** Hier gibt es edle Boutiquen, Designerläden, Kunstgalerien und schicke Cafés. Dass die Straße nach August dem Starken benannt wurde, liegt auf der Hand. Eingerahmt vom Albertplatz 🄸 im Norden und dem Japanischen Palais 🄺 im Süden ist sie ein Hauptbestandteil des Barockviertels (s. S. 16).

> Tramhaltestelle: Albertplatz, Palaisplatz

🄺 Japanisches Palais ★ [D5]

Das Japanische Palais befindet sich ein wenig abseits des prachtvollen zentralen Geschehens der Stadt am rechten Ufer der Elbe. August der Starke hatte mit dem Gebäude große Pläne: Der Kurfürst und König war ein leidenschaftlicher Porzellansammler und wollte das Japanische Palais zu einem reinen **Porzellanschloss** machen – eine würdige Präsentationsfläche für seine Sammlung. Sein „Traum in Porzellan" wurde aber nur in wenigen Teilen realisiert.

August beauftragte die führenden Architekten seiner Zeit mit dem Umbau des ehemaligen Holländischen Palais, dem Sitz des holländischen Gesandten in Dresden. Nach den Plänen der Architekten und Baumeister Matthäus Daniel Pöppelmann, Zacharias Longuelune, Jean de Bodt und Johann Christoph Knöffel entstand von 1727 bis 1737 ein prächtiger Barockbau mit klassizistischen und asiatisch nachempfundenen Gestaltungselementen. Die **geschwungenen Dächer** sind weithin sichtbar und prägen das **fernöstlich anmutende Erscheinungsbild** des Japanischen Palais. Die Baldachine über den Fenstern im Obergeschoss und die immer wieder auftauchenden Chinesenfiguren tragen ihr Übriges dazu bei.

Unter Kurfürst Friedrich August III. wurde das Palais 1785 ein Sammlungs- und Bibliotheksgebäude. Im Keller befand sich die Porzellansammlung, im Erdgeschoss die Antikensammlung und in den oberen Etagen wurde die **kurfürstliche Bibliothek** eingerichtet. 1945 wurde das Palais erheblich beschädigt und die anschließenden Rekonstruktionsarbeiten nahmen und nehmen nach wie vor viel Zeit in Anspruch. Allein für die Beschaffung und Wiederherstellung der Kupferdächer gingen dreißig Jahre ins Land. Aktuell ist das Palais Ausstellungsraum für das **Museum für Völkerkunde** und die **Senckenberg Naturhistorischen Sammlungen** mit wechselnden Sonderausstellungen. Wie die Nutzung in Zukunft aussehen wird, ist abschließend noch nicht geklärt.

❯ **Museum für Völkerkunde Dresden (SKD)**, Palaisplatz 11, Tramhaltestelle: Palaisplatz, Tel. 8144840, www.voelkerkunde-dresden.de, Di.–So. 10–18 Uhr, Mo. geschl., Dauerausstellung wg. Umbau geschl., derzeit nur der erste Teil der neuen Ausstellung (Dresdner Damaskuszimmer) zugänglich, Eintritt: 2,50 €, erm. 2 €, Kinder u. Jugendliche unter 17 Jahren frei

❯ **Senckenberg Naturhistorische Sammlungen Dresden**, Tel. 7958414326, www.snsd.de, Öffnungszeiten: Di.–So. 10–18 Uhr, Mo. geschl., Eintritt: 6 €, erm. 3 €, Kinder bis 5 Jahre frei

Die Äußere Neustadt

Wer die Innere Neustadt hinter sich lässt, den Albertplatz überquert und sich aufmacht, die Äußere Neustadt zwischen Königsbrücker Straße, Bischofsweg, Alaunstraße und Martin-Luther-Kirche zu entdecken, findet ein nur knapp einen Quadratkilometer großes Areal vor, das mit dem barocken Dresden herzlich wenig zu tun hat, die Stadt aber ebenso prägt. Man trifft viele junge Menschen: Aussteiger, die froh sind, hier ihre Ruhe zu finden, Einsteiger, die gerade eine neue Geschäftsidee ausprobieren und einen Laden eröffnen wollen, Langschläfer, die am Samstagmittag nach durchtanzter Nacht in einem Café in der Alaunstraße einen Latte Macchiato trinken, und ausgeschlafene Studenten, die hier wohnen und nur im Alaunpark, in den Cafés und Restaurants so richtig zum Arbeiten, Nachdenken und Diskutieren kommen. Die Äußere Neustadt ist der bunte, der schrille und ganz gegenwärtige Gegensatz zur Erinnerung an das barocke Dresden Augusts des Starken.

Wenn anderswo in der Stadt schon die Bürgersteige hochgeklappt sind, ist in der Neustadt garantiert an irgendeiner Ecke noch was los. Unbedingt ist die Alaunstraße [E4] einen Abstecher wert. Flaniert man bis zum Bischofsweg [F3], sieht man fast alles, was die Neustadt ausmacht: Cafés, Kneipen, Bars, Restaurants, kleine oder größere **Szeneläden**, und das in unterschiedlichen Schattierungen, mal aufgemotzt, mal etwas abgeranzt, aber immer interessant, einen

▷ *Im „Crazy" hängt man als einsame Socke ab*

Blick und ein Gespräch wert. Am Bischofsweg angekommen, lohnt sich ein Blick auf den Alaunpark [F2/3] oder man gönnt sich auf diesem wunderschönen, begrünten Platz, der früher einmal ein Exerzierplatz war, eine Verschnaufpause auf der Wiese oder einer der Parkbänke.

Zurück könnte es dann über die Görlitzer Straße bis zur Louisenstraße [F4] gehen, die die Neustadt fast einmal ganz von West nach Ost durchzieht. Weiter geht es z.B. durch die Martin-Luther-Straße [F4] und vorbei an der Martin-Luther-Kirche bis zur Bautzner Straße. Vielleicht macht man noch eine Pause in einem der Cafés und geht dann wieder zurück zum Albertplatz **14**.

Bei Nacht ist die Neustadt noch mal ein besonderes Erlebnis: ein Menschengewimmel in einem der größten erhaltenen **Gründerzeitviertel** Deutschlands. Die Kinobesucher der Schauburg an der Königsbrücker Straße zieht es nach der Vorstellung noch in die nahegelegenen Cafés, Bars und Restaurants oder

in die Scheune (s.S.30), schon zu DDR-Zeiten ein traditionsreicher Veranstaltungsort.

Das Durchschnittsalter in der Neustadt lag 2009 gerade einmal bei 31,5 Jahren, die Geburtenrate Dresdens ist hier am höchsten. Dass sich nicht nur die Menschen, sondern auch die Hunde hier sehr wohl fühlen, zeigt sich allein daran, dass die Neustädter beim Spazieren häufig einen Blick nach unten aufs Trottoir werfen. Also: Vorsicht vor „Tretminen" ist geboten.

Seit 1990 feiert sich die Neustadt mit der **Bunten Republik Neustadt** (www.brn-dresden.de), einem fröhlich-bunten Stadtteilfest im Juni, einmal im Jahr selbst. Die eigenständige Republik der Nachwendezeit (mit eigener Währung, der „Neustadtmark", eigener Flagge mit Mickey Mouse im Ährenkranz und einer „ordentlichen provisorischen Regierung"), aus der das Neustadtfest hervorging, gehört mittlerweile der Vergangenheit an.

> Tramhaltestelle: Albertplatz, Bischofsweg oder Louisenstr., www.dresden-neustadt.de, www.neustadt-ticker.de

Ein Heim für verlorene Socken

Seit Juni 2000 ist der **Waschladen „Crazy"** in der Louisenstraße nun schon Anlaufstelle für schmutzige Sachen. Montag bis Samstag kann man hier von 6.30 bis 23 Uhr seine Wäsche an 14 elektronisch gesteuerten Waschmaschinen wieder auf Vordermann bringen. Ein absoluter **Hingucker** sind die über **2500 bunt gemixten Einzelsocken, die von der Decke baumeln.** Sie sind alle im Laufe der Zeit aus den Waschmaschinen gefischt worden und zieren nun den Waschsalon – einsam und doch in ihrem Schicksal vereint.

● **121** [E3] **Waschladen „Crazy"**, Louisenstr. 6

039dn Abb.: br

041dn Abb.: br

⌂ *Im Hof der Elemente steht der blauen Fassade mit Wasserspiel …*

041dn Abb.: br

⌂ *… eine goldgelb wie die Sonne glänzende Hauswand gegenüber*

47 Kunsthofpassage ★ ★ ★ [F3]

Schauen, Staunen, Shoppen und Verweilen – egal aus welchem Anlass man in die Kunsthofpassage kommt, es lohnt sich. Das **Hinterhofgeflecht**, das sich von der Alaunstraße Nr. 70 bis zur Görlitzer Straße Nr. 23–25 ausbreitet, ist eine **kleine Oase aus Kunst, Architektur und ganz normalem Wohnraum.** Nirgendwo sonst bekommt man solch einen intimen Einblick in die Hinterhofwelt der Dresdner Neustadt.

Die Idee zum Kunsthof entstand 1997 mit der Sanierung des denkmalgeschützten Gebäudes in der Alaunstraße. Im Hinterhof gestaltete die Dresdner Künstlerin Viola Schöpe einen **Hof der Transformation** (auch als „Hof der Fabelwesen" bezeichnet). Die bunten, in den Putz eingelassenen Mosaikfiguren erzählen kleine Fabel-Geschichten und der Fantasie des Betrachters sind keine Grenzen gesetzt. Die Gestaltung des Hofes stieß auf so große Begeisterung, dass das Konzept unbedingt weitergeführt werden sollte. Als die Häuser Nr. 23–25 der Görlitzer Straße saniert wurden, gestaltete man ihre an den Hof der Alaunstraße angrenzenden Hinterhöfe im gleichen Stil. Der Hof des Lichtes, der Hof der Elemente und der Hof der Metamorphosen entstanden. 2001 kam schließlich der fünfte Hof dazu, der Hof der Tiere.

Jeder Hof ist genauso **fantasievoll und künstlerisch gestaltet,** wie man es von der individuellen und kreativen Neustadt erwartet. Im **Hof der Tiere** hangeln sich Affen an Lianen über den Kopf einer Giraffe vorbei zwischen an Dschungel-Baumhäuser erinnernde Balkone. Im **Hof der Elemente** wird die wasserblau bemalte Hauswand von einem wilden Geflecht von trompetenförmigen Trichtern berankt. Jede halbe und volle Stunde treten sie vor begeistertem Publikum in Aktion und vollführen ein klangvolles und visuelles Wasserspiel.

Im **Hof des Lichts** finden größere Veranstaltungen des Kunsthofs statt. Metallspiegel verwandeln hier das Sonnenlicht in bunte Farbreflexionen. Verwandlung ist natürlich auch das Thema im **Hof der Metamorphosen.** Kletterpflanzen verändern ihr eigenes Aussehen und das der Fassaden von Jahr zu Jahr. 15 Meter hohe schlanke Stahlskulpturen verwandeln sich bei Dunkelheit in Lichtsäulen. An den Häusern sind 24 kleine Metallrahmen befestigt, in denen verschiedene Papiersorten hängen. Sie sind zur Hälfte in Leinöl getränkt und zerfallen und verwittern ganz unterschiedlich.

Die Atmosphäre des kleinen Hofpassagensystems ist angenehm entspannt. Das Stimmengewirr der Besucher mischt sich mit dem Klappern von Geschirr und dem Plätschern der Brunnen, die von Regenwasser gespeist die Höfe schmücken. Bereichert wird das kunstvoll-architektonische Ensemble durch **gemütliche Kneipen** und **kleine Läden** für Schmuck, Klamotten und Geschenke.

❯ Görlitzer Straße 23, Tramhaltestelle: Alaunplatz, ganzjährig frei zugänglich, www.kunsthof-dresden.de und www. kunsthofpassage.de

48 Pfunds Molkerei ★★ [G4]

Die eher unscheinbare Häuserfassade der Bautzner Straße, kurz bevor diese das kleine Flüsschen Prießnitz quert, lässt auf Anhieb keine Sehenswürdigkeit vermuten. Vielmehr drängt sich die Frage auf, warum man sich denn ausgerechnet hierher verirren

sollte? Die Antwort bekommt, wer seinen Kopf zur Tür des Hauses mit der Nummer 79 hineinsteckt, denn man ist sofort gefangen von der Schönheit des Ladens, der sich „**schönster Milchladen der Welt**" nennen darf (lt. Guinness-Buch der Rekorde). Er ist über und über mit kunstvoll bemalten Fliesen von Villeroy & Boch dekoriert, die mit ihrer eigenen kleinen „**Milchwelt**" verzaubern: Sie zeigen engelhafte Kinder mit Milchflaschen, malerische Wiesenlandschaften mit buntgescheckten Kühen und florale Ornamente.

Die steigende Nachfrage der städtischen Bevölkerung nach frischen Milchprodukten zog 1879 den Landwirt **Paul Pfund** nach Dresden. Ein Jahr später gründete er die **Pfunds Molkerei**, nah am Kunden und mitten in der Stadt. Das Unternehmen wuchs beständig und zählte schnell mehrere Filialen in Dresden. 1891 bezog die Pfunds Molkerei ihren neuen gefliesten Firmensitz in der Bautzner Straße 79 – marketingtechnisch ein perfekter Schachzug, denn die ungewöhnliche Gestaltung des Ladens war nicht nur äußerst repräsentativ, sondern zog natürlich noch mehr Publikum an.

Bis zum Zweiten Weltkrieg war die Pfunds Molkerei der größte Molkereibetrieb in ganz Sachsen. Unter der sozialistischen Regierung der DDR wurde das Unternehmen verstaatlicht und knapp ein Jahrhundert nach der Gründung füllte man in der Pfunds Molkerei zum letzten Mal Milch ab.

Seit 1995 ist das liebevoll restaurierte Gebäude wieder als Laden für Kunden und Besucher geöffnet. Neben dem **wundervollen Flieseninterieur** locken die in der Theke appetitlich arrangierten **Käsespezialitäten aus aller Welt** und all die anderen

Produkte aus Milch wie Milchseife oder Milchgrappa. Einziger Wermutstropfen: Wenn ganze Heerscharen an Touristen durch den Laden geschleust werden, kommt man vor lauter Menschen nicht mehr dazu, die Atmosphäre zu genießen. Es lohnt sich also, einen ruhigen Moment abzupassen, am besten dann, wenn mal keine Busse vor dem Laden stehen.

> Bautzner Straße 79, Tramhaltestelle: Pulsnitzer Str., Tel. 808080, www.pfunds.de, geöffnet: Mo.–Sa. 10–18, So./Feiertag 10–15 Uhr. Kostenpflichtiges Parken im Hinterhof möglich.

EXTRATIPP

Leinen los zur Abendrundfahrt

Mit dem Schaufelraddampfer in den Sonnenuntergang: Von Juni bis August führt die ca. zweieinhalbstündige „Abendfahrt" mit der Weißen Flotte (s. S. 129) flussaufwärts vorbei an den leuchtend in Szene gesetzten Elbschlössern bis nach Pillnitz und wieder zurück nach Dresden.

> www.saechsische-dampfschifffahrt.de/fahrtenangebot/fahrplan/

Entdeckungen außerhalb des Zentrums

Dass Dresden auch außerhalb des Stadtzentrums etwas zu bieten hat, liegt auf der Hand. Entlang der Elbe reizen die drei Elbschlösser, die an die Elbhänge angeschmiegten Villenviertel, das Blaue Wunder und das Schloss Pillnitz. Und auch in den von Industrie oder Militärgeschichte geprägten Ecken der Stadt gibt es mit dem Panometer und dem Militärhistorischen Museum der Bundeswehr zwei touristische Highlights.

Was Dresden so besonders macht, ist unbestritten seine Lage an der Elbe. Ruhig und massig schlängelt sich der Fluss von Osten nach Westen durch die Stadt – rechts und links breiten sich die idyllischen Elbauen und die sanft hinaufwachsenden Elbhänge aus.

Um Dresden von einem anderen Blickwinkel kennenzulernen, bietet sich nichts Schöneres an, als an Bord eines **Schaufelraddampfers** (s. S. 129) die Wellen der Elbe zu durchpflügen – und das ist garantiert für alle Altersgruppen ein eindrucksvolles Erlebnis. Die traditionsreiche Weiße Flotte der Sächsischen Dampfschifffahrt unternimmt mit **neun historischen und vier modernen Ausflugsdampfern** Touren rings um Dresden, bis Meißen und in die Sächsische Schweiz. Die Anlegestellen in Dresden sind direkt am Terrassenufer unterhalb der Brühlschen Terrasse **6** zu finden.

49 Elbschlösser (Schloss Albrechtsberg, Lingnerschloss und Schloss Eckberg) ★ [hn]

Zwischen Stadtzentrum und Blauem Wunder **50** „logieren" entlang des rechten Elbhanges die drei Elbschlösser Schloss Albrechtsberg, das Lingnerschloss (ehem. Villa Stockhausen) und Schloss Eckberg. Im einheimischen Sprachgebrauch werden sie oft auch als **Albrechtsschlösser** bezeichnet, was auf Prinz Albrecht von Preußen zurückzuführen ist, der das Schloss Albrechtsberg und die Villa Stockhausen errichten ließ.

Die drei Schlösser haben eine bewegte Geschichte hinter sich. Ihren

Ursprung haben sie Anfang des 19. Jh., als der Schotte James Ogilvy, 7. Earl of Findlater, ein ausgedehntes Areal an **Weinbergen** entlang des Elbhangs erwarb und ein Palais errichten ließ. Nach seinem Tod wurde das Palais noch einige Jahre als Gaststätte (Findlaters Weinberg) genutzt – besonders beliebt bei Künstlern aller Couleur. 1849 erwarb die Baronin von Stockhausen für Prinz Albrecht von Preußen weite Teile des ehemaligen Findlaterschen Grundbesitzes, ein Jahr später wurde das alte Palais zum ersten Elbschloss umgebaut.

❯ Tramhaltestelle: Elbschlösser

Schloss Albrechtsberg

Prinz Albrecht von Preußen beauftragte 1850 den preußischen Hof- und Landbaumeister Adolf Lohse, einen Schüler Karl Friedrich Schinkels, mit dem Bau seines Wohnsitzes am neu erworbenen Elbhang. Ein spätklassizistischer Prachtbau entstand, der die Anmutung eines italienischen Palastes trägt.

Das „geräumige" Innere mit 100 Zimmern birgt neben dem prunkvollen Kronensaal auch ein türkisches Bad mit kunstvoll bemalten Fliesen. Besonderes Merkmal des **weitläufigen Schlossparks** ist das am Terrassenhang zwischen Schloss und Elbe angelegte **römische Bad** mit halbrundem Kolonnadengang.

Ab 1930 wurde das Schloss für die Öffentlichkeit zugänglich gemacht. Während der DDR-Zeit als „Pionierpalast" genutzt, ist es heute Sitz der JugendKunstschule, der Hotel- und Gaststättenschule und außerdem Kongress- und Veranstaltungsstätte. Der Park und die Terrasse sind für Besucher offen.

❯ www.schloss-albrechtsberg.de

⌃ *Dresden auf besondere Art erleben – vom Schaufelraddampfer aus*

Lingnerschloss

Nahezu zeitgleich wurde, ebenfalls nach Plänen von Adolf Lohse, der Herrensitz für den Baron von Stockhausen erbaut. Der Kammerherr von Prinz Albrecht bekam so etwas wie eine kleinere, weniger opulente Ausführung des großen Schlosses Albrechtsberg.

1906 kaufte der „Odolkönig" und Begründer des Deutschen Hygiene-Museums **③⑦ Karl August Lingner** das Anwesen. In seinem **Testament** verfügte er, dass die Villa nach seinem Tod an die Stadt Dresden und seine Bewohner übergehen sollte und wünschte sich, „kein Etablissement für nur reiche Leute erstehen zu sehen". Sein weiterer Wunsch war es, dass die Villa seinen Namen tragen sollte und so ist aus der Villa Stockhausen das **Lingnerschloss** geworden. Derzeit befindet es sich in einem Sanierungsprozess. Es werden Führungen und Veranstaltungen angeboten. Im Restaurant und Biergarten gibt es neben Speisen und Getränken auch einen schönen Blick auf Dresden.

❯ Tel. 6465382, www.lingnerschloss.de, Führungen nur nach Vereinbarung, Treffpunkt vor dem Schloss (parkseitig)

❯ **Lingnerterrassen**, Tel. 4568510, www.lingnerterrassen.de, Restaurant: tägl. 11–23 Uhr, Biergarten: April 11–20 Uhr, Mai–August 11–22 Uhr, Sept. 11–20 Uhr, Okt. 11–19 Uhr, Sa./So. ab 10 Uhr, Sonntags Brunch-Buffet

Schloss Eckberg

Das dritte Schloss, an **der „Ecke" des Elbhanges** – daher der Name –, ist das auch zuletzt gebaute (1859–1861). Der Großkaufmann Johann Daniel Souchay ließ sich von Christian Friedrich Arnold, einem Schüler Gottfried Sempers, einen außergewöhnlichen Herrensitz im spätgotischen **Tudorstil** gestalten. Markant und auffällig sind die drei Türme des Schlosses. Heute ist das Schloss Hotel und Restaurant für gehobene Ansprüche.

❯ www.schloss-eckberg.de

⑤⓪ **Blaues Wunder** ★★ [io]

Die **blaue, 3500 Tonnen schwere Stahlkonstruktion,** die zwischen Blasewitz und Loschwitz die Elbe überspannt, ist eines der Wahrzeichen Dresdens. 1893 eingeweiht, galt die Brücke als technisches Meisterwerk dieser Zeit. Ihre hellblaue Farbe und die Tatsache, dass sie als eine der ersten Brücken bei einer Spannweite von 142 m ohne zusätzlichen Strompfeiler auskam, machten sie zum „Blauen Wunder". Bis heute hält sich hartnäckig das nicht bestätigte Gerücht, dass die Brücke anfangs grün gewesen sein soll und die Farbe erst durch **Witterungseinflüsse** blau wurde.

Noch bis 1986 fuhren Straßenbahnen über das Blaue Wunder nach Loschwitz und Pillnitz, heute ist die Brücke nur für leichte Kraftfahrzeuge und natürlich Radfahrer und Fußgänger zugelassen. Der Zahn der Zeit nagt eifrig am Stahlgeflecht und die Stadt wird sich auch in Zukunft mit der Erhaltung des Bauwerks auseinandersetzen müssen. Eine erste Entlastung für das Blaue Wunder könnte die heftig umstrittene Waldschlösschenbrücke (s. S. 45) bedeuten.

❯ Tramhaltestelle: Schillerplatz oder Bushaltestelle: Körnerplatz

▷ *Weit mehr als 100.000 Nieten halten das Blaue Wunder zusammen*

04ddn Abb.: br

51 Standseil- und Schwebebahn ★★ [jo]

Man könnte sich fragen, was eine **Bergbahn** in Dresden zu suchen hat. Die Antwort ist folgende: Die beiden Bahnen wurden um die Jahrhundertwende gebaut, um das malerische und attraktive Gebiet der Elbhänge rund um den Stadtteil Weißer Hirsch und Loschwitz für neue **Villenviertel** zu erschließen.

Beide Bahnen blieben während des Zweiten Weltkrieges nahezu unversehrt und wurden nach der Wende umfangreich restauriert und saniert und fahren heute wieder in ihrer gewohnten Pracht. Eine Fahrt mit einer der beiden Bergbahnen dauert knapp **fünf Minuten** und dann ist sie leider auch schon wieder vorbei.

1895 wurde die **Standseilbahn** eröffnet und verbindet seitdem den Körnerplatz mit dem Nobelviertel Weißer Hirsch. Auf einer Strecke von 547 m überwinden die gelb-weißen Bahnen einen Höhenunterschied von

96 m. An der Bergstation angekommen, führt kein Weg am **Luisenhof** (s. S. 23) vorbei. Bei Kaffee und Kuchen lässt sich vom schönsten Balkon Dresdens ein fantastischer Blick ins Elbtal genießen.

Die **Schwebebahn** fuhr erstmals am 6. Mai 1901 vom Elbtal hinauf nach Oberloschwitz. Sie ist die älteste Bergschwebebahn und zugleich auch die **einzige Schienenhängebahn der Welt.** Außergewöhnlich sind die treppenartig konstruierten Passagiersitze in den beiden ockerfarbenen bzw. roten Gondeln. Sie verfügen über keinen eigenen Antrieb, sondern werden mittels Zugseil an einer Schiene hängend bewegt. Auf ihrer Fahrtstrecke von 274 m legt die Schwebebahn einen Höhenunterschied von etwas über 84 m zurück. Oben angelangt, hat man von der Aussichtsplattform (per Fahrstuhl erreichbar) eine grandiose Panoramasicht: Zu Füßen liegen der Körnerplatz und das Blaue Wunder und am Horizont die Skyline von Dresden.

› **Standseilbahn,** Talstation: Körnerplatz, Bergstation: Bergbahnstr. (Louisenhof), Aussichtsterrasse (im Louisenhof) in 96 m Höhe

› **Schwebebahn,** Talstation: Pillnitzer Landstraße (in direkter Nachbarschaft zur Loschwitzer Kirche), Bergstation: Sierksstraße, Aussichtsplattform in 84 m Höhe

Loschwitzer Kirche

Die **Loschwitzer Kirche** in der Nähe der Talstation der Schwebebahn hat denselben Baumeister wie ihre große, aber jüngere Schwester, die Frauenkirche ❷: **George Bähr.** Er schuf die kleine Barockkirche am Elbhang im Jahr 1705.

Leonhardi-Museum

Auf der Grundstraße den Elbhang hinauf, nur ein paar Meter vom Körnerplatz entfernt, überrascht plötzlich auf der rechten Seite ein über und über mit Sprüchen verziertes **Fachwerkhaus**, das so gar nicht in die Umgebung passen will: das **Leonhardi-Museum** (s. S. 35). Es ist das ehemalige Ateliergebäude von Eduard Leonhardi, einem Landschaftsmaler der Spätromantik und Schüler von Ludwig Richter. Neben einer Dauerausstellung im „Leonhardi-Atelier" mit Leonhardis Werken gibt es wechselnde Ausstellungen zeitgenössischer Dresdner Künstler.

> Tramhaltestelle: Schillerplatz oder Bushaltestelle: Körnerplatz, www.dresdnerbergbahnen.de, einfache Fahrt: 4 €, erm. 2,50 €, Berg- und Talfahrt: 5 €, 3 €, Familienkarte (2 Erw. u. 4 Kinder) 12,50 €, Maschinenhaus der Schwebebahn: 2,50 €, erm. 1 €, Familien 5 €

52 Schloss und Park Pillnitz ★★★ [S. 139]

Im südöstlichen Zipfel des Dresdner Stadtgebietes, auf Höhe einer kleinen Elbinsel, die hier den Fluss teilt, liegt malerisch arrangiert das Schloss Pillnitz. Das Lustschloss mit seiner weitläufigen Parkanlage war einst Sommerresidenz des sächsischen Hofes.

Ende des 17. Jahrhunderts war das Pillnitzer Rittergut an August den Starken übergegangen. Zunächst schenkte er es seiner Mätresse, der Gräfin Cosel, aber nachdem er ihre Liaison unrühmlich beendet hatte, übernahm er selbst wieder die Planung des Anwesens und legte den Grundstein für die ersten Schlossbauten. Vorbilder fanden die Gebäude u. a. in der französischen und italienischen Architektur. Dem damaligen Zeitgeist entsprechend, ließ man der Fantasie freien Lauf und integrierte **fernöstliche Motive** in die Bauwerke – Pillnitz ist die größte Schlossanlage in Europa mit asiatisch anmutender Architektur. Während unter August dem Starken eher das pure **Vergnügen** im Vordergrund stand, wurde das Schloss unter Kurfürst Friedrich August III. vielmehr als repräsentativer **Regierungssitz** genutzt.

Wer sich heute Pillnitz vom Wasser her nähert, wird nicht nur durch das beschwingt anmutende Gebäudeensemble beeindruckt, sondern auch durch die breite **Wassertreppe** zur Elbe hinab. In den Schlossgebäuden

> *Schloss Pillnitz liegt direkt an der Elbe*

< *Eine der beiden Bergbahnen der Stadt: die Schwebebahn* 51

können das **Neue Palais**, das **Wasser-** und das **Bergpalais** mit integrierten Ausstellungen besichtigt werden. Der wundervoll angelegte **Park** lädt zu ausgedehnten Lustwandelspaziergängen ein – mit Stopps im **Palmen- bzw. Kamelienhaus**. In Letzterem ereignet sich immer von Mitte Februar bis Mitte März ein farbenprächtiges Schauspiel, das man nicht verpassen sollte, denn dann öffnen sich **Zehntausende karminrote Blüten** der über 200 Jahre alten **Kamelie**. Vor dem kalten Winterwetter geschützt, „bewohnt" die ca. neun Meter hohe, immergrüne Schönheit ein bewegliches Glashaus. Im Sommer ist sie im Freien zu bewundern.

❯ Bushaltestelle: Leonardo-da-Vinci-Straße oder Pillnitzer Platz, Anlegestelle der Sächsischen Dampfschifffahrt (s. S. 129); Pillnitz, Tel. 2613260, www.schlosspillnitz.de, geöffnet: ab 6 Uhr bis zum Anbruch der Dunkelheit, Eintritt: **Gartenticket** (gültig für Park und Pflanzenhäuser) 2 €, erm. 1 €, **Museumsticket** (gültig für Park, Schlossmuseum, Kunstgewerbemuseum und Pflanzenhäuser) 8 €, erm. 6 €, Kinder bis 16 Jahre frei

❯ **Schlosspark:** tägl. von 6 Uhr bis Einbruch der Dämmerung, kostenpflichtig von April–Okt. tägl. 9–18, in der Wintersaison Eintritt frei
❯ **Palmenhaus:** April–Okt. tägl. 10–18, Nov.–März tägl. 10–16 Uhr
❯ **Kamelienhaus (während der Blütezeit):** Mitte Febr.–Mitte April tägl. 10–17 Uhr
❯ **Schlossmuseum im Neuen Palais und Kunstgewerbemuseum im Berg- u. Wasserpalais,** Mai–Okt. Di.–So. 10–18 Uhr, Mo. geschl.

53 Panometer ★★★ [hr]

In der ehemaligen städtischen Gasanstalt Reick kann man Industriearchitektur der Gründerzeit bewundern. Im kleineren der beiden Gasbehälter ist das Panometer zu Hause. Der Künstler und Architekt Yadegar Asisi präsentiert hier seit 2006 eindrucksvolle Panoramen. Ab 2015 sind im halbjährlichen Wechsel zwei sehr unterschiedliche Stadtpanoramen zu sehen: „Dresden – Mythos der barocken Residenzstadt" und „Dresden 1945 – Tragik und Hoffnung einer europäischen Stadt".

Das barocke Dresden bietet dem Betrachter ein komprimiertes Bild der Stadt in den Jahren 1695 bis 1760. Inspiriert von Canalettos Veduten (Stadtansichten) ist hier auf 3000 m² Stoff eine 360°-Panorama-Illusion der Stadt abgebildet, die eine Zeitreise zurück ins Dresden des 18. Jahrhunderts ermöglicht. Die Perspektive auf Dresden ist dabei die, die sich dem Betrachter von der Hofkirche aus bieten würde. Es kann ein kompletter Tag von Sonnenaufgang bis in die Nacht hinein erlebt werden – mit Blick auf das Italienische Dörfchen (s. S. 75), den mächtigen Turm der alten Kreuzkirche oder auf das damals noch dünn bebaute Neustädter Ufer. Aufmerksame Betrachter werden mit für Dresden typischen Szenen belohnt, wie dem Hofnarren Fröhlich (s. S. 89) im „Schweinswagen" oder der Ankunft von Raffaels „Sixtinischer Madonna".

KURZ & KNAPP

Ein Zeugnis des Industriezeitalters

Der große, 67 m hohe Gasbehälter direkt neben dem Panometer **53**, der wie ein Kolosseum anmutet, wurde 1907/1908 von **Hans Erlwein**, dem Architekten des sogenannten Erlweinspeichers (s. S. 75), erbaut. Die Überbleibsel der in den Himmel ragenden, **monumentalen Fassade** mit den fünf Türmen sind nicht nur beeindruckend, sondern auch ein begehrtes Motiv für Fotografierbegeisterte.

Welch Ausmaß Krieg und Zerstörung bringen, zeigt das zweite Panorama – Dresden nach dem Angriff der Alliierten im Februar 1945. Hier steht der Betrachter auf dem nicht zerstörten Rathausturm und blickt auf die Trümmer der Stadt.

046dn Abb.: br

❯ Zu beiden Panoramen gibt es hinter den „Kulissen" Begleitausstellungen. Ca. 1,5 bis 2 Stunden sollten für den Besuch im Panometer eingeplant werden.

❯ **Termine:** „Dresden 1945" 24.1.– 31.5.2015 und ab 16.1.2016; „Residenzstadt" 6.6.2015–10.1.2016

❯ Gasanstaltstraße 8b, Bushaltestelle: Nätherstraße/Panometer oder Tramhaltestelle: Liebstädter Straße oder S-Bahn-Haltestelle: Dresden-Reick/asisi Panometer, Tel. 0341 3555340, www.asisi.de/de, Eintritt: 11,50 €, erm. 10 €, Kinder (6–14 Jahre) 6 €, unter 6 Jahre frei, Fernglas oder Audioguide: 2 €, Öffnungszeiten: Di.–Fr. 10–17, Sa./So. 10–18 Uhr, letzter Einlass eine Stunde vor Schließung, Aussichtsplattform in 12 m Höhe, Aufstieg über Treppe

54 Militärhistorisches Museum der Bundeswehr ★★ [G1]

Der neoklassizistische Bau aus dem Jahr 1877 hat eine wechselvolle Geschichte: einst Waffenarsenal der Königlich Sächsischen Armee für die Kasernen der Albertstadt im Kaiserreich, ab 1916 Sächsisches Heeresmuseum und ab 1972 DDR-Armeemuseum. Nach siebenjähriger Umbauphase und Neukonzeption der Ausstellung wurde das Militärhistorische Museum der Bundeswehr am 14. Oktober 2011 eröffnet.

Auf 10.000 m² Ausstellungsfläche werden mehr als 10.000 Exponate in zwei eigenständigen Ausstellungen präsentiert: Der chronologischen Darstellung von Militär- und Kriegsgeschichte von 1300 bis in die Gegenwart im Altbau werden neun aufwändig und eindrucksvoll gestaltete Themenparcours wie „Tiere und Militär", „Politik und Gewalt", „Leiden am Krieg" im Libeskind-Keil (s. S. 48) gegenübergestellt.

Der **Rundgang** beginnt bei Exponaten zum Söldner- und Landsknechtwesen im Spätmittelalter und führt über die Bauernkriege, den Dreißigjährigen Krieg bis zu den napoleonischen Kriegen, der 1848er-Revolution, den Reichseinigungskriegen und den beiden Weltkriegen bis zum rassenideologischen Vernichtungskrieg der Nationalsozialisten, dem Völkermord an den europäischen Juden. Der Zeitraum von 1945 bis heute wird von den Beginn des Kalten Krieges markiert und dem Aufbau der beiden deutschen Armeen, der Bundeswehr und der Nationalen Volksarmee.

Die **Themenparcours** ergänzen und vertiefen diese Chronologie auf einzigartige und immer wieder auch überraschende und erschreckende Art und Weise: Wenn etwa 23 Bomben von der Decke auf den Besucher zu fallen drohen, Gerüche des Krieges wahrzunehmen sind oder – im Parcours „Tiere und Militär" – ein dreibeiniges Schaf zu sehen ist, das während des Falklandkrieges über Minenfelder laufen musste.

60 Millionen Euro hat der Umbau gekostet, entstanden ist eine ernstzunehmende Auseinandersetzung mit einem schwierigen und heiklen Thema. Auf die angekündigten **Sonderausstellungen** der kommenden Jahre darf man zu Recht gespannt sein.

❯ Olbrichtplatz 2, Tramhaltestelle: Stauffenbergallee, Tel. 8232803, www.mhmbw.de, Öffnungszeiten: Mo. 10–21, Do.–Di. 10–18 Uhr, Mi. geschl., Eintritt: 5 €, erm. 3 €, Mo. ab 18 Uhr frei

◁ *Architekturkoloss: der ehemalige Gasbehälter im Stadtteil Reick*

Ausflüge in die Umgebung

047dn Abb.: br

Bei einem Besuch von Dresden lockt natürlich auch die Umgebung der Stadt. Zwei der beliebtesten und sehr zu empfehlenden Ausflugsziele sind das Schloss Moritzburg und die Sächsische Schweiz. Schloss Moritzburg ist untrennbar mit der Geschichte Augusts des Starken verwoben und die Sächsische Schweiz ein unvergleichliches, pittoreskes Naturerlebnis.

55 Schloss Moritzburg ★★★  [S. 138]

Nur knapp zwanzig Autominuten von Dresdens Zentrum entfernt befindet sich das idyllische Jagd- und Lustschloss Moritzburg. Welche ausschweifenden Feste und Jagdzeremonien der sächsische Hofadel hier wohl gefeiert haben mag? Die mit Jagdtrophäen, kostbaren Möbeln und kunstvoll bemalten Ledertapeten ausgestatteten Räume zeugen vom einstigen herrschaftlichen Adelssitz.

Das wildreiche Waldgebiet nordwestlich von Dresden – der Friedewald – animierte Herzog Moritz von Sachsen im Jahr 1542, hier ein Jagdschloss zu errichten. Es entstand ein **symmetrischer Renaissancebau mit vier Rundtürmen**, der schnell zum beliebten Vergnügungsort der adligen Jagdgesellschaft wurde.

Im Laufe der Jahre gab es immer wieder bauliche Neuerungen und Ergänzungen am Schloss. Unter Kurfürst Johann Georg II. wurde im 17. Jh. beispielsweise die Schlosskapelle an der Nordwestseite errichtet. Die prägenden Veränderungen erfuhr Schloss Moritzburg jedoch unter **August dem Starken**, der es um 1722

durch seinen Oberlandbaumeister Pöppelmann zu einem imposanten **Barockschloss** umgestalten ließ. Das Gebäude erhielt eine pompöse Innenausstattung mit **vier Prunksälen** und mehr als **200 weiteren Räumen**. Die Fassade bekam ihren charakteristischen, räumlich wirkenden Anstrich in Ocker und Weiß. Die Außenanlage wurde u. a. um den großen **Schlossteich** erweitert – Schloss Moritzburg, nun auf einer Insel mitten im Teich – wurde zum **Wasserschloss**.

Zwei Dämme im Süden und Norden verbinden die Schlossinsel mit dem Ufer. Der nördliche Damm führt

---

EXTRAINFO

Quiz für Märchenfans

Dem eingefleischten Märchenfan dürfte Schloss Moritzburg als Schauplatz des DEFA-Klassikers **„Drei Haselnüsse für Aschenbrödel"** (1973) gut bekannt sein. Auf welcher Treppe verlor die Titelfigur wohl ihren Schuh? (Auflösung: Es ist die dem Park zugewandte Treppe auf der Ostseite.)

in den weitläufigen Schlosspark. Ende des 18. Jh. entstanden hier im Ostteil, am Großteich, das **Fasanenschlösschen** – ein kleines Rokokopalais mit fernöstlichen Elementen – und der **Leuchtturm.**

In den nachfolgenden Jahren blieb Schloss Moritzburg nicht von den Kriegswirren verschont. Nach aufwändiger Rekonstruktion erstrahlen das Schloss und seine Parkanlage heute aber wieder in beinahe altem Glanz.

Empfehlenswert ist ein Spaziergang (ca. 5–6 km je nach Wegstrecke) rund um das Schloss bis zum Fasanenschlösschen oder zum Leuchtturm und wieder zurück. Alternativ und ohne Anstrengungen kann auch, ganz standesgemäß, eine **Pferdekutsche** genommen werden. Wer in den kälteren Monaten das Schlossinne-

re besichtigen möchte, der sollte auf jeden Fall dicke Socken, eine warme Jacke und vielleicht auch Handschuhe einplanen – es kann in den **unbeheizten** Räumen sehr frostig werden. Sehenswert sind auf jeden Fall das **Federzimmer,** die festlich gedeckte Tafel im Speisesaal und der **Monströsensaal** mit den unzähligen Rothirschtrophäen, einschließlich des legendären 66-Enders an der Wand.

EXTRATIPP

Moritzburger Wildgehege

Ein Besuch im nahegelegenen Wildgehege lohnt sich, insbesondere für Familien. Auf der weitläufigen Anlage sind viele heimische Tierarten wie Rot-, Dam- und Schwarzwild, Eule und Wölfe zu sehen.

● **122 Wildgehege Moritzburg,** Radeburger Straße, 01468 Moritzburg, www.wildgehege-moritzburg. sachsen.de, Eintritt: 4 €, erm. 2 €, Kinder unter 3 Jahren frei, Jan.–Feb. Sa./So. 9–16, März–Okt. tägl. 10–18, Nov.–Dez. tägl. 9–16 Uhr

⌂ *Im Schloss Moritzburg ließ es sich der sächsische Adel einst gut gehen*

Softeisvergnügen in Moritzburg

Hervorragendes Softeis gibt es im **Café zur Erholung** ca. 1000 Meter vom Schloss entfernt, auf der Ecke Schlossallee/Bahnhofstraße, genau gegenüber dem Haus des Pferdes. Von Dresden kommend, fährt man praktisch auf dem Weg zum Schloss daran vorbei.

❯ Schloßallee, 01468 Moritzburg, Tel. 035207 8730, www.schloss-moritzburg.de. Gebührenpflichtige Parkmöglichkeiten sind in Schlossnähe vorhanden. Wenn man den Besuch außerhalb der typischen touristischen Stoßzeiten in den zeitigen Vormittags- oder späten Nachmittagsstunden gestaltet, dann umgeht man übervolle Parkplätze und Massenandrang am Schloss.

❯ **Barockausstellung und Federzimmer im Schloss:** Eintritt: 7 €, erm. 3,50 €, April–Okt. tägl. 10–17.30

❯ **Führung durch Schloss Moritzburg:** April–Okt. tägl. 10.30, 12, 13.30 und 15 Uhr, Dauer: ca. 1 Std., Preis: 2 € auf den Eintrittspreis

❯ **Fasanenschlösschen** (nur mit Führung, max. 10 Pers.): Eintritt: 5,50 €, erm. 3,50 €, Mai–Okt. Mo.–Fr. stündlich 11–16, Sa./So./Feiertag halbstündlich 11–17 Uhr, Kombiticket „Barockschloss & Fasanenschlösschen" 9,50 €, erm. 5,50 €

❯ **Leuchtturm** (nur mit Führung): Eintritt: 3 €, erm. 1 € (Kinder bis 6 Jahre frei), Mai–Okt. So. 11–16 Uhr (witterungsabhängig)

▷ *Schlicht atemberaubend: die Bastei-Aussicht mit Blick auf die Elbe und die Tafelberge der Sächsischen Schweiz*

Sächsische Schweiz

Wer Dresden besucht, kommt an einem Ausflug in die Sächsische Schweiz eigentlich nicht vorbei. Der deutsche Teil des Elbsandsteingebirges umfasst eine Fläche von rund 360 km², ca. ein Viertel davon wurde zum **Nationalpark Sächsische Schweiz** erklärt. Die reizvolle Felsenlandschaft mit ihren bizarren Felsnasen, tiefen Schluchten und majestätischen Tafelbergen ist ein außergewöhnliches Naturerlebnis und das nicht nur für bekennende Wanderfreunde. Für den neugierigen Erstbesucher bietet sich ein kleiner Schnupperausflug zur **Bastei** oder zur **Festung Königstein** an. Zu den besucherintensiven Zeiten sollte man beide Ziele aber eher meiden, denn dann sind Bastei und Festung sehr schnell überlaufen.

Von Dresden aus sind beide Ziele gut mit dem Auto oder mit der S-Bahn zu erreichen. Theoretisch kann auch per Dampfschiff eine Fahrt von Dresden in die Sächsische Schweiz unternommen werden. Eine einfache Fahrt dauert dann aber ca. 4 bis 5 ½ Stunden.

56 Bastei ★★ [S. 139]

Die Bastei ist eines der meistbesuchten Ziele der Sächsischen Schweiz. Aus ca. 190 m Höhe hat man von hier einen herrlichen Blick hinab ins Tal und die sich im großen Bogen hindurchwindende Elbe. Augenfällig ist die ca. 77 m lange **steinerne Basteibrücke**, die den **Aussichtsfelsen** hoch über der Elbe mit der Felsenburg Neurathen verbindet. Bis 1826 war der Aufstieg zur Bastei eine recht mühsame und wahrscheinlich auch waghalsige Klettertour. Um es dem wachsenden Be-

061dn Abb.: br

sucherstrom einfacher zu gestalten, baute man eine hölzerne Brücke zwischen Felsenburg und Bastei. Die witterungsanfällige Holzkonstruktion wurde Mitte des 19. Jh. dann durch eine Sandsteinbrücke ersetzt. Sie ist seither eines der weltweit bekannten Markenzeichen der Sächsischen Schweiz. Die Basteiaussicht und die Basteibrücke sind ständig zugänglich und es wird kein Eintritt erhoben. Die Überreste der **Felsenburg Neurathen,** die Anfang des 13. Jh. erstmals urkundlich erwähnt wurde und damit zu den ältesten Wehranlagen der Sächsischen Schweiz gehört, können in einem kleinen Rundgang besichtigt werden.

❭ www.saechsische-schweiz.de, www. nationalpark-saechsische-schweiz.de

❭ **Felsenburg Neurathen:** tägl. 9–18 Uhr, Eintritt: 1,50 €, erm. 0,50 €, Fam. 3,50 €

❭ **Anreise Auto** (ca. 32 km): bis Lohmen, auf der Basteistraße mehrere (gebührenpflichtige) Parkmöglichkeiten, kurzer Fußweg zum Aussichtspunkt

❭ **Anreise S-Bahn:** bis Bahnhof Rathen, übersetzen mit der Fähre auf die andere Elbseite, Wanderweg hinauf durch die Felsenburg Neurathen zur Bastei

57 Festung Königstein ★★ [S. 139]

Hoch oben auf dem gleichnamigen **Tafelberg** thront die Festung Königstein. Sie zählt zu den größten europäischen **Bergfestungsanlagen** und wurde während ihrer 750-jährigen Geschichte kein einziges Mal vom Feind bezwungen.

Um 1200 wurde auf dem Königstein zur Sicherung der Grenze zwischen Böhmen und der Markgrafschaft Meißen eine Festung errichtet. Mit den Jahrhunderten wuchs die An-

lage, diente unter anderem in Kriegs-zeiten als Zufluchtsort des sächsi-schen Adels oder als sicheres Depot für die Kunstschätze der Stadt Dres-den. Bis kurz nach 1900 wurde die Festung noch rein zu militärischen Zwecken genutzt und schließlich zu einem **militärischen Freiluftmuseum** umgestaltet. Auf dem knapp zehn Hektar großen Gelände und mit mehr als 30 Bauwerken bietet die Festung Königstein die verschiedensten Ent-deckungsmöglichkeiten und ist ein beliebtes Ausflugsziel in der Sächsi-schen Schweiz. Das Festungsplateau lässt sich für die Besucher zu Fuß oder ganz bequem mit dem Aufzug „erobern".

❭ www.festung-koenigstein.de, April–Okt. 9–18, Nov.–März 9–17 Uhr, Eintritt: Winter 7 €, Sommer 8 €, erm. 5 bzw. 6 € (Kinder bis 6 Jahre frei)
❭ **Anreise Auto** (ca. 35 km): bis Königstein, gebührenpflichtige Parkmöglichkeiten unterhalb oder in Reichweite der Festung vorhanden
❭ **Anreise S-Bahn:** bis Bahnhof Königstein (Sächsische Schweiz)

▱ *Die Festung Königstein*
auf dem gleichnamigen Tafelberg
ist ein riesiges Freilichtmuseum

PRAKTISCHE REISETIPPS

062dn Abb.: br

An- und Rückreise

Dresden verfügt in seiner „Randlage" im Osten Mitteldeutschlands über eine sehr gute Anbindung an das regionale, nationale und internationale Verkehrsnetz. Ob mit Flugzeug, Bahn oder dem eigenen Auto – Dresden ist unkompliziert zu erreichen.

Mit dem Auto

Die Stadt liegt verkehrsgünstig am Tangentengeflecht der Autobahnen A13/A4/A17. Von Norden her auf der A13/A4 oder von Osten auf der A4 nimmt man die Ausfahrt „Dresden-Hellerau" und gelangt auf der B170 ins Zentrum. Aus westlicher Richtung auf der A4 oder aus Süden auf der A17/A4 fährt man bis zur Abfahrt „Dresden Altstadt" und dann auf der B6 in die Altstadt.

Weitere Ausfahrtmöglichkeiten sind „Dresden Flughafen", „Dresden Neustadt" und „Dresden Wilder Mann".

Mit dem Zug

In Dresden gibt es zwei Bahnhöfe – den Neustädter Bahnhof auf der Neustädter Seite und den Hauptbahnhof auf der Altstadtseite. Die Fernzüge haben oftmals nur den Hauptbahnhof als Endstation, Regionalverbindungen halten in der Regel auch am Neustädter Bahnhof (Achtung: bis voraussichtlich 2016 kann

> ⬀ *Ein übersichtliches Parkleitsystem führt Autofahrer zu freien Plätzen*

> ◁ *Vorseite: Das Terrassenufer ist An- und Ablegestelle der Sächsischen Dampfschifffahrt (s. S. 129)*

es wegen Streckenbaumaßnahmen und Gleisarbeiten zu Einschränkungen kommen). Von beiden Bahnhöfen ist man zu Fuß oder mit der Straßenbahn schnell im Stadtzentrum. Auskunft zu Fernverbindungen (mit ICE oder Nachtzug) sind unter www.bahn.de oder www.citynightline.de zu erhalten.

> ❭ **Neustädter Bahnhof** (in Reichweite des Albertplatzes), Tramhaltestelle: Bahnhof Neustadt
> ㉝ [C9] **Hauptbahnhof,** Tramhaltestelle: Hauptbahnhof oder Hauptbahnhof Nord

Mit dem Flugzeug

Der Flughafen **Dresden International** ist das Tor für nationale und europäische Flugverbindungen. Es gibt innerdeutsche Direktverbindungen von Düsseldorf, Frankfurt am Main, Hamburg, Köln/Bonn, München, Nürnberg und Stuttgart sowie direkte Flugrouten von Wien und Zürich.

Vom Flughafen ist man mit der **S-Bahn-Linie 2** in ca. 13 Minuten am Bahnhof Neustadt oder in ca. 21 Minuten am Hauptbahnhof. Die S2 verkehrt alle 30 Minuten von der Station **Dresden-Flughafen** (im Tiefgeschoss des Flughafenterminals).

> ❭ Flughafenstraße in Dresden-Klotzsche (im Norden der Stadt), www.dresden-airport.de, Flughafen-Information Tel. 8813360

Mit dem Bus

Dresden ist von mehr als 300 Abfahrtsorten bequem per Fernreisebus erreichbar. Der **Berlin Linien Bus** hat gleich zwei Haltestellen in Dresden: Bayrische Str. (hinter dem Hauptbahnhof) und Schlesischer Platz (vor dem Bahnhof Neustadt).

> ❭ www.berlinlinienbus.de

Autofahren

051dn Abb.: br

Innerhalb von Dresden ist man grundsätzlich **nicht auf das eigene Auto angewiesen**, denn das ÖPNV-Netz ist sehr gut ausgebaut und die wichtigen Sehenswürdigkeiten auch zu Fuß zu erreichen. In der **Äußeren Neustadt** sollte man nicht nur wegen der engen Straßen und knappen Parkplätze grundsätzlich komplett auf das Auto verzichten, sondern auch deshalb, weil sich das Viertel **am besten zu Fuß** entdecken lässt.

Wie in allen größeren Städten gilt es auch in Dresden, die **Rushhour zu meiden**. In diesen verkehrsintensiven Zeiten sind nicht selten die Hauptverkehrswege inklusive Brücken verstopft und verlangen dem Autofahrer eine große Portion Geduld ab. Eine Autofahrt in die Stadt sollte auch an Tagen mit besonderen Veranstaltungen wie Dampferparade, Stadtfest oder Striezelmarkt eher vermieden werden, denn dann sind nicht nur viele Menschen unterwegs, sondern auch die Parkplätze rar.

Die Parkplatzsituation in Dresden ist sonst recht entspannt. Es gibt in der Innenstadt **ausreichend Parkraum (ca. 9000 Parkplätze)** und die Suche nach einem freien Platz wird durch ein dynamisches **Parkleitsystem** innerhalb der Stadt erleichtert.

In unmittelbarer Nähe zur Altstadt gibt es mehrere Parkhäuser und Parkplätze:

P123 [D7] **Parkhaus Altmarkt,**
Zufahrt über Wilsdruffer Str.

P124 [D8] **Parkhaus Ferdinandplatz,**
Zufahrt über Waisenhausstr./Viktoriastr.

P125 [D7] **Parkhaus Frauenkirche Neumarkt,** Zufahrt über Landhausstr.

P126 [C6] **Parkhaus Semperoper,**
Zufahrt über Devrientstr. oder
Terrassenufer/Devrientstr.

P127 [B9] **Parkhaus Wiener Platz/ Hauptbahnhof,** Zufahrt über Ammonstr. im Tunnel Wiener Platz

P128 [D4] **Parkplatz Neustädter Bahnhof,** Zufahrt über Antonstr./Schlesischer Platz oder Dr.-Friedrich-Wolf-Str.

P129 [E5] **Parkplatz Sarrasanistraße,** Zufahrt über Köpckestr./Sarrasanistr.

Die **Preise variieren** von 0,50 bis 1 € pro 20 Min. bzw. 1–2 € pro Std. – je beliebter die Lage, desto teurer.

Kostenfreie Parkplätze sind in der Innenstadt und der Neustadt eher ein Glückstreffer. Einige öffentliche Parkplätze sind allerdings in den Abendstunden bzw. am Wochenende kostenfrei.

› Informationen und zeitnahe Belegungszahlen zu den Parkplätzen sind im Internet unter www.dresden.de (Stichwort „Parkinformationssystem") abrufbar.

Mietwagen-Stationen der großen Verleihunternehmen sind am Flughafen und an den beiden Bahnhöfen ansässig:

> **Avis:** Tel. 0351 8814600 (Flughafen)
> **Europcar:** Tel. 0351 8814590 (Flughafen), Tel. 0351 877320 (Hauptbahnhof), Tel. 0351 828240 (Bahnhof Neustadt)
> **Hertz:** Tel. 0351 8814580 (Flughafen), Tel. 0351 4526311 (Hauptbahnhof)
> **Sixt:** Tel. 0180 5262525 (Flughafen, Bahnhof Neustadt), Tel. 0180 6260250 (Hauptbahnhof)

Barrierefreies Reisen

Menschen mit eingeschränkter Mobilität finden sich in Dresden gut zurecht, nur auf dem Kopfsteinpflaster im Altstadtbereich kann es für Rollstuhlfahrer ein wenig holprig werden. Fast alle Sehenswürdigkeiten, Museen und öffentlichen Gebäude sind behindertengerecht eingerichtet.

Für **blinde und sehbehinderte Menschen** geben die Ampeln in Dresden akustische Hilfestellung für das sichere Überqueren von Straßen. **Barrierefreie Toiletten** gibt es über das gesamte Stadtgebiet verteilt, einige davon sind auch rund um die Uhr zugänglich, wie z. B. die öffentlichen WCs am Altmarkt, am Pirnaischen Platz, auf der Prager Straße und im Hauptbahnhof.

In den **Straßenbahnen, Bussen und S-Bahnen** ist die Barrierefreiheit im Innenstadtbereich nahezu durchgehend gewährleistet, dafür sorgen die Niederflurfahrzeuge und die mit Blindenleitsystem und hohen Bordkanten ausgestatteten Haltestellen. Bei nicht barrierefreien Haltestellen kommt auf Anfrage beim Fahrer eine ausklappbare Rampe zum Einsatz. Weitere Informationen gibt es im „**Haltestellen-Atlas für Rollstuhlfahrer**", erhältlich im Internet (www.dvb.de/de/Li

nien-Karten/Liniennetzplaene) oder in einem der Servicezentren der DVB (s. S. 129).

Die Broschüre „**Dresden barrierefrei**" enthält viele nützliche Informationen für ein barrierefreies Erleben der Stadt. Herausgegeben wird sie von der Dresden Marketing GmbH und kann online heruntergeladen oder unter prospekt@dresden.marketing.de bestellt werden und ist auch bei der Tourist-Information (s. S. 116) erhältlich.

> Download: www.dresden.de/media/pdf/dtg/2010_dresden_barrierefrei.pdf

Außerdem gibt es einen von der Stadt Dresden initiierten **Online-Stadtführer**, der direkt auf die Bedürfnisse von Menschen mit eingeschränkter Mobilität zugeschnitten ist:

> www.dresden.de/de/03/c_064.php

Im globalen Open Source Projekt **Wheelmap** sind auf einer interaktiven Onlinekarte Informationen zu rollstuhlgerechten Orten verzeichnet:

> http://wheelmap.org

Zusätzliche Informationen und Tipps von Rollstuhlfahrern für Rollstuhlfahrer in Dresden gibt es auch auf der Website:

> www.rollpfad.de

Informationsquellen

Touristeninformationen

❶130 [D7] **Dresden Information im QF an der Frauenkirche,** Neumarkt 2
Tel. 0351 501501, www.dresden.de, Mo.–Fr. 10–19 Uhr, Sa. 10–18 Uhr, So. 10–15 Uhr

❶131 [C9] **Dresden Information im Hauptbahnhof,** Wiener Platz 4, tägl. 8–20 Uhr

Dresden preiswert

> Mit der **Dresden-Card** kann ein Besuch in der Stadt vergleichsweise preiswert gestaltet werden. Erhältlich ist sie in drei Varianten: für einen, zwei oder vier Tage. Sie gewährt freie Fahrt mit den öffentlichen Verkehrsmitteln (bei Bergbahnen ist das Ticket 1 € günstiger), Vergünstigungen bei vielen touristischen Angeboten und freien Eintritt in die Museen der Staatlichen Kunstsammlungen Dresden (außer Historisches Grünes Gewölbe). Erhältlich ist die Karte u. a. in der Tourist-Information (s. S. 116), in den Servicezentren der Dresdner Verkehrsbetriebe (s. S. 129), bei den Staatlichen Kunstsammlungen Dresden sowie in etlichen Hotels. Natürlich kann man sie auch online bestellen: www.dresden.de/dig/de/ddcard.php. Sie kostet für einen Erwachsenen/eine Familie (2 Erw., 4 Kinder bis 14 Jahre) für einen Tag 9,90 €/13,90 €, für zwei Tage 29,90 €/54,90 € bzw. für drei Tage 79,90 €/119 €.

> Jeden **Freitag** (außer an Feiertagen) **ab 12 Uhr** hat man **freien Eintritt** im Stadtmuseum (s. S. 34), der Städtischen Galerie (s. S. 36), dem Kügelgenhaus (Museum der Dresdner Romantik, s. S. 33) und im Leonhardi-Museum (s. S. 35).

> Bei der **Museums-Sommernacht** im Juli kommt man günstig in die teilnehmenden Museen der Stadt. Karte: 13 €, erm. 9 €, Familienkarte (für 2 Erw. und bis zu 4 Kinder unter 14 J.) 28 €, Kinder unter 6 Jahren frei. Benutzung der Museums-Sommernacht-Buslinien und aller Linien im Bereich des VVO während der Museumsnacht inklusive.

> Den Filmnächten am Elbufer mit Konzerten und anderen Veranstaltungen kann man als **Zaungast** auf der Carolabrücke oder beim gemütlichen Picknick auf den Elbwiesen kostenlos lauschen.

Tickets

Tickets für die meisten Veranstaltungen sind in der Tourist-Information (s. S. 116) erhältlich, aber auch bei der Konzertkasse Dresden oder beim Ticketservice der Sächsischen Zeitung oder des Stadtmagazins SAX. Die begehrten Karten für die Semperoper gibt es online oder vor dem Opernhaus in der Schinkelwache ❷⓿.

> **Besucherdienst der Semperoper Dresden**, in der Schinkelwache ❷⓿, Tel. 4911705, www.semperoper. de, Mo.–Fr. 10–18, Sa. 10–17, So. 10–13 Uhr. Abendkasse jeweils 1 Stunde vor Vorstellungsbeginn

❶**132** [D8] **Konzertkasse im Florentinum,** Ferdinandstr. 12 (Prager Str./Trompeterstr.), Tel. 8666011, Mo.–Fr. 9.30–20, Sa. 10–16 Uhr, www.konzertkasse-dresden.de

❶**133** [io] **Konzertkasse in der Schillergalerie in Dresden,** Loschwitzer Str. 52a (am Schillerplatz), Tel. 315870, Mo.–Fr. 9–20, Sa. 9–18 Uhr

❶**134** [E2] **saxTicket – Der Kartenschalter,** Königsbrücker Straße 55 (Seiteneingang Filmtheater Schauburg), Tel. 8038744, www.saxticket.de, Mo.–Fr. 10–20, Sa. 11–14 Uhr

❶**135** [D8] **SZ-ticketservice,** im Karstadt (EG), Prager Straße 12, Tel. 8611650, http://shop.sz-ticketservice.de/catalog

Dresden im Internet

> **www.dresden.de:** Das Onlineportal der Stadt Dresden ist für Bewohner und Besucher gleichermaßen informativ.

> **www.dresden-reisefuehrer.de:** Detaillierter Onlinereiseführer für Dresden und das Umland – Geschichtliches und Touristisches sehr gut aufbereitet

> **www.dresdeninformation.com:** Adressen für Shopping, Übernachtung und Essen und Trinken sowie für kulturelle Unternehmungen

> **www.dresden-neustadt.de:** Infos für einen erlebnisreichen Bummel durch die Dresdner Neustadt – Kneipen/Bars und Cafés, Veranstaltungen u.v.a.m.

> **www.kneipensurfer.de:** Kneipenführer für Dresden als Onlineinfoportal, auch als gedruckte Version erhältlich.

> **www.dresdner.nu:** Die Webpräsenz des Kulturmagazins mit Infos rund um Film, Bühne, Kunst, Literatur und Musik in Dresden

> **www.dresden-lexikon.de:** Sehr umfangreiches und aktuell gehaltenes „Stadtlexikon" (von Veranstaltungen über Kneipen bis hin zu berühmten Persönlichkeiten)

> **www.dresden-cityguide.de:** Kleiner aber feiner Onlineguide mit 360°-Panoramen

> **www.skd.museum:** Die Internetseite der Staatlichen Kunstsammlungen Dresden. Hier sind alle Museen „unter einem Dach" und ausführlich beschrieben.

> **www.museen-dresden.de** oder **www.stmd.de:** Die Städtischen Museen in der Übersicht mit allen wichtigen Infos

> **www.schloesserland-sachsen.de:** Infos zum Dresdner Residenzschloss, dem Zwinger, der Festung Dresden, Schloss und Park Pillnitz, Schloss Moritzburg und zu allen anderen sächsischen Schlössern, Burgen und Gärten

Unsere Literaturtipps

> **Erich Kästner,** „Als ich ein kleiner Junge war", verschiedene Ausgaben. Dresden als autobiografischer Erlebnisroman des jungen Erich Kästner – ein Klassiker für Kinder und Erwachsene.

> **Peter Ufer,** „Dresden für Liebhaber: 99 Orte überraschend.anders.", Verlag Edition Sächsische Zeitung. Abwechslungsreiche Mischung aus touristischen Highlights und echten „Geheimtipps", zusammengetragen und angereichert mit Anekdoten und geschichtlichen Informationen vom SZ-Kolumnisten Peter Ufer.

> **Olaf B. Rader,** „Kleine Geschichte Dresdens", Verlag C. H. Beck. Der Kunsthistoriker bringt 800 Jahre Dresdner Stadtgeschichte facettenreich und höchst amüsant auf den Punkt.

> **Susanne Jaeger, Barbara Borngässer,** „Reclams Städteführer Dresden: Architektur und Kunst", Verlag Reclam. Kompakter und sehr informativer Architektur- und Kunstführer im „kleinen, gelben" Reclam-Miniformat.

> **Matthias Donath, Jörg Blobelt,** „Altes & Neues Dresden: 100 Bauwerke erzählen Geschichten einer Stadt", Edition Sächsische Zeitung. Der Kunsthistoriker Donath und der Architekturfotograf Blobelt erläutern Dresdens Architektur und Stadtgeschichte – lebendig und kenntnisreich und mit tollen Fotos.

> **Fritz Löffler,** „Bernardo Bellotto, genannt Canaletto, Dresden im 18. Jahrhundert", Verlag E. A. Seemann. Die berühmten Dresdner Veduten (Stadtansichten) des italienischen Malers Canaletto mit Detailbeschreibungen der Bilder und interessanten Hintergrundinformationen zum Künstler.

Publikationen

Die Dresdner Tagespresse fächert sich in die beiden traditionellen Tageszeitungen **Sächsische Zeitung (SZ)** mit dem donnerstags beiliegenden **Augusto – das Ausgehmagazin** und die **Dresdner Neueste Nachrichten (DNN)** sowie in die **Dresdner Morgenpost** und die **Lokalausgabe der Bild-Zeitung** auf.

❭ **Sächsische Zeitung:** www.sz-online.de
❭ **Augusto:** www.augusto-online.de
❭ **Dresdner Neuste Nachrichten:** www.dnn-online.de
❭ Veranstaltungsmagazine/Stadtmagazine sind **SAX** und **PRINZ** (beide kostenpflichtig) sowie das **DRESDNER Kulturmagazin** (kostenlos).
❭ Für Feinschmecker gibt es den Gastronomieführer **Augusto**. Er erscheint jährlich und enthält neben Gastrotipps auch viele Coupons/Rabattgutscheine. Ein kostenfreies, dafür werbefinanziertes Magazin mit Schwerpunkt auf Gastronomie ist z. B. **MAXITY Spot! Dresden.**

Dresden-Apps

❭ **„Kinderführung Grünes Gewölbe – Acoustiguide Smartour“:** Mit dem Geist August des Starken auf Schatztour durch das Neue Grüne Gewölbe (kostenlos für iOS).
❭ **„Albertinum – Kunst4Kids“:** Kinderaudioguide in dem Dresdner Schüler ihre Lieblingswerke des Albertinums vorstellen (kostenlos für iOS).
❭ **„Richard Wagner in Dresden“:** App zur Ausstellung „Richard Wagner – Mythos und Geschichte“ im Stadtmuseum Dresden (s. S. 34). Dresdner „Wagner-Orte“, Wegbegleiter etc. inkl. Kalender mit aktuellen kulturellen Veranstaltungen (kostenlos für Android und iOS).
❭ **„Dresden Vegan“:** Eine Liste mit rein veganen und teilweise veganen Restaurants und Geschäften in und um Dresden – mit Kartenfunktion. Dazu Infos zu veganer Ernährung und Produkten (kostenlos für Android).
❭ **Die Verkehrsmuseums-App mit Audioguide:** Audioguide durch das Verkehrsmuseum inkl. nützlicher Infos wie Öffnungszeiten, Preise und Veranstaltungen (kostenlos für Android und iOS).
❭ **Semperoper Dresden:** Aktueller Spielplan der Semperoper sowie des Semperoper Balletts und der Semperoper Junge Szene. Mit Kurzinfos zu Werken, Künstlern, der Besetzung, Ticketkauf etc. (kostenlos für iOS).
❭ **„FahrInfo Dresden“:** Aktuelle Fahrplanauskunft für Bus und Bahn des Verkehrsverbundes Oberelbe (Keine offizielle App der DVB und VVO! Kostenlos für Android und iOS).

Internet und Internetcafés

In den meisten **Hotels** ist ein kostenloser Internetzugang mittlerweile Standard. In der Stadt unterwegs kann man sich z. B. an einem der **kostenfreien WLAN-Hotspots** zum Surfen im Internet bedienen:

❭ **Max Großstadtcafé** (s. S. 26)
❭ **Café Europa** (s. S. 24)
❭ **Café Neustadt** (s. S. 24)

Eine umfangreiche Liste mit **freien WLAN-Hotspots** gibt es im Internet auf www.freie-hotspots.de oder http://stadt.cityreview.de/sachsen/dresden („Auskunft/Wlan-Hotspots“). Ansonsten kann man sich noch an folgendes Internetcafé wenden:

@136 [F4] **Mondial Internetcafé**, Rothenburger Str. 43/Ecke Louisenstr., Mo.–Fr. 10–23, Sa./So./Feiertag 11–23 Uhr. Internetcafé im Herzen der Neustadt.

Mit Kindern unterwegs

Für Kinder wird es bei einem Stadtbesuch von Dresden garantiert nicht langweilig, denn dafür gibt es viel zu viele aufregende und schöne Dinge zu erleben. Nahezu alle Attraktionen haben **vergünstigte Eintrittspreise** für Kinder oder Familien. Bei einigen bekommen Kinder bis zu einem bestimmten Alter sogar kostenfreien Eintritt.

› **Informationen** für einen Dresden-Besuch mit Kind gibt es u. a. auch bei der Tourist-Information (s. S. 116) kostenfrei ausliegenden **Magazin „kind + kegel"** (www.kindundkegel.de). Das Dresdner Familienmagazin erscheint zehnmal im Jahr. Eine Liste der etwa 800 Stellen, an denen es ausliegt, kann man über den Internetauftritt einsehen.

Stadtrundgang für Spürnasen

Familien mit kleinen Rätselfreunden begeben sich z. B. auf einen 2,5-stündigen Rundgang durch die Altstadt und versuchen das **Stadträtsel** zu knacken. Für pfiffige Spürnasen gibt es sogar eine **„Detektivausbildung"** – diese dauert insgesamt zwei Tage und am Ende hat man nicht nur einen kniffligen Fall gelöst, sondern kann stolz seinen eigenen Detektivausweis in den Händen halten. Während der Spurensuche werden spielerisch die Stadt und zwei Museen erforscht – das Stadträtsel ist ein Teil der „Detektivausbildung".

› Für Kinder von 8–14 Jahren, 40 € pro Familie, Buchung über Dresden Information (s. S. 116)

Museen

Viele der Museen in Dresden haben Ausstellungen, die Kindern Spaß machen. Im **Hygiene-Museum Dresden** 37 gibt es sogar ein eigenes **Kindermuseum** mit Fokus auf interaktives Erleben. Im **Erich Kästner Museum** 44 können sich Kinder und Erwachsene auf die Spuren des Schriftstellers begeben – das lohnt sich nicht nur für Leseratten.

Wer Puppentheater mag, der wird von der **Puppentheaterausstellung** im Museum für Sächsische Volkskunst 40 begeistert sein. Richtiges **Live-Puppentheater** gibt es z. B. im Großen Garten 34 und im Rundkino auf der Prager Straße (tjg. theater der jungen generation, s. S. 31).

052dn Abb.: dhmdsg

Kleine und große **Technikfans** werden im **Verkehrsmuseum** 🔟 voll auf ihre Kosten kommen. Und wer Lust hat, Rittern mal in die Rüstung zu schauen, wird in der **Rüstkammer** im Residenzschloss 🔟 sicherlich seinen Spaß haben.

Auf den Spuren des alten Dresden wird es auch für Kinder spannend – z. B. in den **Kasematten** 🔟, den alten Festungsmauern der Stadt unterhalb der Brühlschen Terrasse, oder im **Panometer** 🔟, wo es auf 3000 m² Leinwand unzählig viele Details zu entdecken gibt.

Aktiv

Museumsmuffel begeistert man in jedem Fall mit einem Ausflug auf einem der **Schaufelraddampfer** der Weißen Flotte (s. S. 129) oder man unternimmt eine Fahrt mit den ältesten Bergbahnen der Welt – der **Schwebe- oder Standseilbahn** 🔟 im Stadtteil Loschwitz.

Ob Sommer oder Winter, im **Georg-Arnhold-Bad** (s. S. 82) am Großen Garten 🔟 lässt es sich herrlich im Wasser toben – mit **Riesenrutsche und Strömungskanal**. Im Großen Garten dreht man in der **Parkeisenbahn** 🔟 eine große Runde und wer Lust hat, steigt am Bahnhof „Zoo" aus und besucht den Dresdner **Zoo** 🔟 mit vielen Tieren zum Anschauen und zum Streicheln im **Streichelzoo**.

Märchen

Ein ganz besonderes Erlebnis ist auch eine **Märchenlesung** in der **Yenidze** 🔟. Direkt unter dem zauberhaften Kuppeldach sitzend, lauscht man dem Erzähler, der Geschichten lebendig werden lässt.

Medizinische Versorgung

Krankenhäuser

➕**137** [G4] **Diakonissenkrankenhaus,** Holzhofgasse 29, www.diako-dresden.de/diakonissen-krankenhaus/, Tel. 8100, Notfallambulanz (24 Std. geöffnet): Tel. 8101708

➕**138** [A5] **Krankenhaus Dresden-Friedrichstadt,** Friedrichstraße 41, Tel. 4800, www.khdf.de, zentrale Notaufnahme (24 Std. geöffnet): Tel. 4801552

➕**139 Städtisches Klinikum Dresden-Neustadt,** Industriestraße 40, Tel. 8560, www.khdn.de, 24-Stunden-Notfallzentrum: Tel. 8562380, Notaufnahme für Kinder: Tel. 8562580

➕**140** [G8] **Krankenhaus St. Joseph-Stift,** Wintergartenstraße 15/17, Tel. 44400, www.josephstift-dresden.de, Notfallambulanz (24 Std. geöffnet): Tel. 44402329

➕**141** [go] **Universitätsklinikum Carl Gustav Carus,** Fetscherstraße 74, Tel. 4580, www.uniklinikum-dresden.de, Kindernotaufnahme (24 Std. geöffnet): Tel. 4582267, Chirurgische Notaufnahme (24 Std. geöffnet): Tel. 4582425

Apotheken

➕**142** [E5] **Apotheke Goldener Reiter,** Hauptstr. 38, Tel. 81063877

➕**143** [D7] **Löwen Apotheke,** Wilsdruffer Str. 5, Tel. 497170

➕**144** [C9] **Stadt-Apotheke,** Prager Str. 2, Tel. 4810277

◁ *Im Hygiene-Museum* 🔟 *können Kinder eigenständig auf Entdeckungstour gehen – hier am „Füllhorn" im Raum „Essen und Trinken"*

Notfälle

Notrufnummern

> **Polizei:** Tel. 110
> **Feuerwehr:** Tel. 112
> **Ärztlicher Notdienst:** Tel. 19292
> (allgemeine Vermittlungsstelle)
> **Apothekennotdienst:**
> Tel. 0800 0022833 (kostenlos aus
> dem deutschen Festnetz) oder
> Tel. 22833 vom Handy

Fundbüro

● **145** [C7] **Fundbüro Dresden,** Theaterstraße 13, Tel. 4885996, geöffnet: Di./
Do. 9–18 Uhr, Fr. 9–12 Uhr, Mo. u. Mi.
geschl., www.dresden.de/de/02/or/
anliegen/fundsache_d115.php

Polizei

● **146** [D7] **Polizeirevier Dresden-Mitte,**
Schießgasse 7, schräg gegenüber vom
Kurländer Palais, zwischen Brühlschem
Garten und Wilsdruffer Straße, Tel.
4832601

Kartenverlust

Bei Verlust von deutschen Maestro-,
Kredit- und SIM-Karten gilt überwiegend eine einheitliche **Zentralnummer zur Kartensperrung.** Man sollte
vor der Abreise prüfen, ob z. B. das eigene Bankinstitut dem Sperr-Notruf
angeschlossen ist. **Aber Achtung:** Mit
der telefonischen Sperrung sind die
Karten zwar für die Bezahlung/Geldabhebung mit der PIN gesperrt, nicht
jedoch für das Lastschriftverfahren
mit Unterschrift. Man sollte daher
auf jeden Fall den Verlust zusätzlich
bei der Polizei zur Anzeige bringen,
um gegebenenfalls auftretende Ansprüche zurückweisen zu können. Es
empfiehlt sich, vor der Reise die individuelle Karten-Sperrnummer und die
Nummern der jeweiligen Karte **separat zu notieren.**

Da es für **österreichische** und
Schweizer Karten keine zentrale
Sperrnummer gibt, sollten sich deren
Inhaber nach einer aktuell gültigen
Notrufnummer ihres jeweiligen Kreditkartenanbieters erkundigen.

> **Deutscher Sperrnotruf:** Tel. +49 116116
> oder Tel. +49 3040504050
> **Weitere Infos:**
> www.kartensicherheit.de,
> www.sperr-notruf.de

Post

✉ **147** [C7] **Postbank Finanzcenter (1),**
Antonsplatz 1, Mo.–Fr. 9–19, Sa. 9–15
Uhr. Direkt in der Innenstadt, Nähe Postplatz, ansässige Postfiliale.

✉ **148** [E3] **Postbank Finanzcenter (2),**
Königsbrücker Str. 21–29, Mo.–Fr.
9–19, Sa. 10–13 Uhr. An der Hauptader
der Äußeren Neustadt gelegene Postfiliale, auf halbem Weg zwischen Albertplatz und Bischofsweg.

Radfahren

Die Stadt ist bemüht, dass sich
Dresden auch abseits des wunderbaren Elberadweges zu einer fahrradfreundlichen Stadt entwickelt.
Mehr als 360 km an Fahrradwegen
durchziehen mittlerweile die gesamte Stadt. Hilfreiche Ziel- und Entfernungsangaben an den Radwegen
oder Radrouten geben die **weiß-grünen Hinweisschilder.**
Ergänzende Infos für Radfahrer gibt
es im Internet:

> www.adfc-dresden.de
> www.elberadweg.de

Fahrradverleih

S149 [C9] **MietStation**, St. Petersburger Str. 33, Nähe Hauptbahnhof, Tel. 0173 1553338, www.mietstation-dresden. de, weitere Stationen: in der Altstadt am Ferdinandplatz 1 [D8] und am Elberadweg in der Glacisstr. 5 [E/F5]. Ganzjähriger Verleih von Fahrrädern, eBikes und Pedelecs (Electric Cicyle). Preise ab 8 € pro Tag/Rad.

S150 [E4] **sz-bike**, ein Fahrradverleihsystem der Sächsischen Zeitung, das von nextbike betrieben wird. Rund 500 Mietfahrräder sind rund um die Uhr verfügbar. Aktuelle Standorte von verfügbaren Rädern kann man unter www.sz-bike.de/ de/dresden/standorte/ ermitteln. Preise (Normaltarif): 1 €/30 Min., 9 €/24 Std. Die Registrierung erfolgt online oder per Tel. 030 69205046.

S151 [E4] **Roll On Dresden**, Königsbrücker Str. 4a/Albertplatz, www.rollondresden. de, Tel. 2142501 oder Tel. 0152 22673460, geöffnet: März–Okt. Mo.–Fr. 10–13 u. 16–19, Sa. 10–13 Uhr, So. 10–12 Uhr, Nov.–Feb. Vorbestellung nur telefonisch. Preise ab 7,90 € pro Tag/Rad. Fahrradverleih und geführte Radtouren.

KURZ & KNAPP

Fahrradbibliothek Dresden

In Dresden gibt es für Radsportler etwas Besonderes und in Deutschland bisher Einmaliges: eine kleine private Fahrradbibliothek. Das Ausleihen von Radwanderkarten und anderer Fahrradfachliteratur ist hier für Dresdner ebenso möglich wie das Einholen von Tipps oder die Beratung zu Fahrradtouren. Das Angebot wird ehrenamtlich betreut, weshalb Termine im Voraus vereinbart werden müssen.

> **Fahrradbibliothek Dresden**, Gabelsbergerstr. 30, www.fahrrad bibliothek.de, nur für Ansässige

⌂ Panoramaradeln auf dem Elberadweg – wie Canaletto (s. S. 63) es gemalt hätte

Schwule und Lesben

In Dresden ist eine lebendige Schwulen- und Lesbenszene vor allem auf der Neustädter Elbseite etabliert:

➊**152** [F3] **Boys,** Alaunstraße 80, Tel. 5633630, www.boys-bar.de, tägl. 20–3 u. Fr./Sa. 20–5 Uhr. Trotz des Namens nicht nur für Schwule, sondern auch für Lesben und Heteros.

➋**153** [G4] **Carte Blanche – Travestie-Revue-Theater,** Prießnitzstraße 10, Tel. 204720, www.carte-blanche-dresden.de, Ticketkasse: Mo.–Fr. 11–18, Sa. 11–16 Uhr. Dresdens erstes Travestie-Revuetheater.

➌**154** [F4] **Queens & Kings,** Görlitzer Straße 3, www.queens-dresden.de, tägl. 20–5 Uhr. Die älteste Dresdener Bar für Schwule, Lesben und deren Freunde.

❯ **Christopher Street Day in Dresden:** Ende Mai–Anfang Juni (mit Straßenfest auf dem Altmarkt), www.csd-dresden.de

❯ **Gerede e.V.,** www.gerede-dresden.de. Dresdner Verein für Lesben, Schwule, Bi- und Transsexuelle und deren Angehörige.

Stadttouren

Wer in Dresden eine geführte Stadttour machen möchte, der hat die Qual der Wahl – es gibt eine **breit gefächerte Auswahl an Anbietern und Themen** – klassisch, historisch oder mit Erlebnischarakter. In der Tourist-Information (s. S. 116) können die meisten der Touren direkt gebucht werden.

▷ Bei der Fahrt mit dem Doppeldeckerbus verschafft man sich einen kompakten Überblick über die Stadt

Stadtrundfahrten

❯ **Stadtrundfahrten im Doppelstockbus,** www.stadtrundfahrt.com: z. B. „Große Stadtrundfahrt auf der Linie 1", 22 Haltestellen, Tagesticket zum individuellen Ein- und Aussteigen: 20 €, tägl. 9.30–20 Uhr, Abfahrt alle 30 Min., Gesamtdauer ohne Aussteigen ca. 1,5 Std. Tickets erhältlich an Haltestelle Theaterplatz (Augustusbrücke ❸❽) oder im Bus.

❯ **Stadtrundfahrt Dresden – Die Roten Doppeldecker,** www.stadtrundfahrt-dresden.de: z. B. „Die Original Entdecker Tour", Dresden im Bus, in der Standseilbahn und vom Dampfer aus. April–Okt. tägl. 10.15, 12.15, 14.15 Uhr ab Wilsdruffer Straße/Stadtmuseum, Dauer ca. 3 Std., Ticket 27 €, erm. 25 €, 7–14 Jahre 6 €, erhältlich im Bus oder bei den beiden Touristinfos (s. S. 116).

❯ **Stadtrundfahrt mit den Dresdner Verkehrsbetrieben (DVB),** www.dvb.de: z. B. „Die Stadtrundfahrt mit Semperoper", geführte Stadttour im Bus inklusive Besichtigung der Dresdner Semperoper, tägl. 13 Uhr, Dauer ca. 3 Std., Abfahrt Wilsdruffer Str./Stadtmuseum (s. S. 34), Tickets 27 €, erm. 25 €, Jugendliche (15–17 Jahre) 23 €, Kinder (7–14 Jahre) 6 €, erhältlich im Bus oder an Vorverkaufsstellen.

❯ **Stadtrundfahrten im Trabi,** selbst am Steuer oder stilvoll mit Chauffeur: Trabi-Safari, Tel. 82120143, www. trabi-safari.de, oder Rundfahrten mit dem Stretch-Trabant, Tel. 0177 2929560, www.stretch-trabi-dresden.de

❯ **Erleben Sie Dresden,** Tel. 0170 1633847, www.erleben-sie-dresden.de. Stadtführung per Rad für Gruppen von 2 bis 20 Personen, 2 Std. Festpreis 90 €, Leihrad 1 € pro Std. (www.sz-bike.de)

❯ **Kennst Du Dresden?** Tel. 0176 60880881, www.kennst-du-dresden. de. Kleine Stadtführung per Rad für 1–5 Pers., 2 Std. Festpreis 60 €, Leihrad 10 €

Stadtrundgänge

❯ **Barokkokko – Erlebnisrundgänge:** Mit historischen sächsischen Prominenten auf Tour durch Dresden, z. B. „Brühl haben wir noch Geld ...", April–Dez. Mo.–Sa. 12 Uhr, Dauer ca. 1,5 Std., Tickets: 15 €, erm. 10 €, bis 6 Jahre frei, Treff: Dresden Information im QF an der Frauenkirche (s. S. 116), Tel. 8336000, www.barokkokko.de

❯ **Igeltour Dresden,** Löwenstr. 1, Tel. 8044557, www.igeltour-dresden.de. Die Altstadt zu Fuß entdecken, z. B. „Dresdens schönste Seite – Ein Streifzug durch die Altstadt", Sa. 14 Uhr, 10 €, Treffpunkt: Neumarkt **❶**, Martin-Luther-Denkmal; „Des Nachts durch Dresdens Gassen – Unterwegs mit dem Grauen Mönch", April–Okt. jeden Fr. 21 Uhr, Tickets: 15 €, erm. 12 €, Treff: Zwinger **㉑**/Kronentor.

❯ **Dresden Walks,** Tel. 0170 1633847, www.dresdenwalks.com. Die Guides im hellgrünen Outfit führen zu Fuß durch die Stadt, z. B. „Die Altstadt – Historisches Stadtzentrum", tägl. 10.30 Uhr, (April–Okt.), tägl. 12 Uhr (Nov.–März), Dauer ca. 2 Std., Treff: Schlossplatz/an der Treppe zur Brühlschen Terrasse, Tickets: 10 € p. P., Kinder unter 14 Jahren frei.

❯ **Dresden Kulttouren,** Tel. 0162 2659155, www.dresden-barock.de: Führungen zu nächtlicher Stunde, z. B. „Mit dem Nachtwächter durch das Barockviertel", Treffpunkt: Standbild Goldener Reiter **❹** am Neustädter Markt, ca. 1,5 Std., tägl. ab 21 Uhr (auf Anfrage!), Tickets: 15 € p. P.

❯ **Nightwalk Dresden,** Tel. 0172 7815007, www.nightwalk-dresden.de. Kultur kombiniert mit Kneipe, beim „Nightwalk" geht es in die Dresdner Neustadt – mit garantiertem Kneipen-/Barbesuch, tägl. ab 21 Uhr, Dauer ca. 3 Std., Treff: Albertplatz/am Artesischen Brunnen, 15 € p. P.

Kutschfahrten

❯ **Kutschfahrten in Dresden,** Tel. 01520 2355381, www.kutschfahrten-in-dresden.de. Hier kann man mit der Pferdekutsche (z. B. Canalettofahrt, Dauer ca. 1,5 Std.) oder dem Pferdeomnibus (Dauer ca. 30 Min.) durch die sächsische Hauptstadt fahren.

053dn Abb.: br

Unterkunft

Anregungen und/oder Hilfe bei der Suche nach der passenden Unterkunft für den Besuch in Dresden – egal für welche Preiskategorie – bekommt man z. B. bei der **Tourist-Information** (s. S. 116).

Hotels

🏠**155** [B6] **art'otel dresden** €€€, Ostra-Allee 33, Tel. 49220, www.artotels.com. Im wahrsten Sinne kunstvoll (mit Werken des Dresdner Künstlers A. R. Penck) ausgestattetes Hotel ganz in der Nähe des Dresdner Zwingers.

🏠**156** [C4] **City-Oase Dresden** €€, Ludwigstraße 2, Tel. 4798614, www.city-oase-dresden.de. Kleines, familiengeführtes Hotel in einem hundert Jahre alten Gründerzeithaus direkt an der Elbe auf Neustädter Seite. Die Zimmer sind mit Dresden-Themen kunstvoll gestaltet und behaglich eingerichtet. Eine ruhige Wohlfühloase mitten in der Stadt. Frühstück 8 € pro Person.

🏠**157** [D2] **Tryp by Wyndham Dresden Neustadt Hotel** €€, Fritz-Reuter-Straße 21, Tel. 80950, www.trypdresdenneu stadt.com. Freundliches Dreisternehotel in einem Gebäude mit herrlicher Jugendstilarchitektur. Im Dresdner Hechtviertel, mit 81 modern eingerichteten Zimmern.

🏠**158** [gn] **Hotel am Waldschlösschen** €€, Am Brauhaus 8b, Tel. 8951330, www. hotel-am-waldschloesschen.de. Fast alle gemütlich eingerichteten Zimmer verfügen über eine wunderschöne Aussicht auf die Elbe und die Altstadtsilhouette Dresdens. Wer abends noch Lust auf Livemusik, Essen und Trinken verspürt, der hat es nicht weit, denn das Brauhaus am Waldschlösschen (s. S. 22) befindet sich im selben Gebäude im Erdgeschoss.

🏠**159** [D4] **Hotel Bayerischer Hof Dresden** €€€, Antonstraße 33–35, Tel. 829370, www.bayerischer-hof-dresden.de, WLAN. Viersternehotel mit 50 geräumigen und komfortabel eingerichteten Zimmern unweit des Bahnhofs Neustadt. Mit Smokers' Lounge und Restaurant.

🏠**160** [D7] **Hotel INNSIDE Dresden** €€€, Salzgasse 4, Tel. 795150, www.inn side.com/de. Zwischen Frauenkirche und Albertinum logiert seit 2010 das 4-Sterne-Superior-Hotel INNSIDE der Meliá-Kette mit 180 modernen Designerzimmern und -suiten. Bar in der sechsten Etage mit spektakulärem Blick auf die Frauenkirche, tägl. 18–2 Uhr. Frühstück 20 € pro Person.

🏠**161** **Hotel Novalis Dresden** €€, Bärnsdorfer Straße 185, www.novalis-hotel.de, Tel. 82130. Komfortabel ausgestattetes Dreisternekunsthotel im Nordzipfel des Hechtviertels mit hauseigener Bar, finnischer Blockhaussauna und kostenfreien Parkplätzen.

🏠**162** [jn] **Hotel Villa Herzog** €€€, Kurparkstr. 6 a, Tel. 26327812, www.loar.de/villa herzog. Die Gründerzeitvilla im Stadtteil Weißer Hirsch wurde vor über 100 Jah-

▷ *Die Zimmer im Mondpalast wurden von Dresdner Künstlern gestaltet*

ren als Mädchenpensionat erbaut. Heute sind die stilvoll eingerichteten Zimmer in idyllischer Lage eine schöne und ruhige Übernachtungsadresse in Dresdens begehrtem Villenviertel.

163 Hotel Villa Seraphinum €€€, Dohnaer Str. 31, www.seraphinum.com, Tel. 4277630. In der ruhig gelegenen, über 200 Jahre alten Villa erwarten den Gast behaglich eingerichtete Zimmer. Die Villa befindet sich im Stadtteil Strehlen, ca. 1 km vom Großen Garten entfernt.

164 [C9] Ibis Hotels Dresden – Bastei, Königstein und Lilienstein €€€, Prager Straße, www.ibis-dresden.de, Tel. 48564856. Die drei markanten Hotelhochhäuser auf der Prager Straße sind nach drei Felsen der Sächsischen Schweiz benannt. Sie sind eine überraschend ruhige, moderne Unterkunftsmöglichkeit mitten in der größten Einkaufsmeile der Stadt.

165 [B5] L Hotel Dresden Altstadt €€€, Magdeburger Straße 1a, Tel. 486700, www.leonardo-hotels.de. Modern gestaltetes Hotel auf der Altstadtseite direkt neben der Yenidze, einige Zimmer sind sogar mit Blick auf die ehemalige Tabakfabrik im orientalischen Stil. Ganz in der Nähe: Messe und Internationales Congress Center Dresden. Frühstück 12 € pro Person.

166 [D4] Motel One €€, Postplatz 5, Tel. 438100, Fax 65573810, www.motelone.com. Schickes, modernes Designhotel, zentral am Postplatz in der Altstadt gelegen in unmittelbarer Nähe zu Zwinger, Residenzschloss und Semperoper. Frühstücksbuffet 7,50 € pro Person.

Hostels/Jugendherbergen

167 [C4] CVJM-Jugendschiff €, Uferstr. 14, Tel. 8945850, www.cvjm-sachsen. de. Das Jugendschiff im Neustädter Hafen ist ein ehemaliger Ausflugsdampfer der Weißen Flotte.

168 [F4] Hostel Mondpalast €, Louisenstraße 77, www.mondpalast.de, Tel. 5634050, WLAN. Check-in ist auch ohne Raumanzug möglich: Das freundliche Hostel Mondpalast in der bunten Neustadt hat ebenso bunt gestaltete 21 Zimmer und Platz für insgesamt 93 müde Backpacker.

169 [B7] Jugendherberge Dresden „Jugendgästehaus" €, Maternistraße 22, Tel. 492620, www.jugendherberge-sachsen.de, WLAN. Zentral in der City, nur knapp 1 km vom Zwinger entfernt gelegen.

170 [F3] Lollis Homestay €, Görlitzer Str. 34, Tel. 8108458, www.lollishome.de. Jedes Zimmer im Neustädter Hostel ist anders und sehr kreativ gestaltet – ganz besonders kultig: im „Trabizimmer" kann man in einem echten himmelblauen Trabi übernachten.

054dn Abb.: br

Camping

⚠️**171** Campingplatz Dresden-Mockritz, Boderitzerstr. 30, Tel. 4715250, www.camping-dresden.de. Ganzjährig geöffneter Familiencampingplatz im Süden von Dresden, mit Swimmingpool.

⚠️**172** Campingplatz Wostra, An der Wostra 7, Tel. 2013254, April–Okt. Im Südosten der Stadt gelegen, ca. 200 Meter von der Elbe entfernt, mit 60 Stellplätzen, Strand- und Freibad Wostra in unmittelbarer Nähe.

⌂ Übernachten in der „Rennpappe": Trabizimmer im Lollis Homestay (s. S. 127)

▷ Dresden hat ein gut ausgebautes Straßenbahnnetz

Verkehrsmittel

Bus und Bahn

Dresden verfügt über ein gut ausgebautes und gut strukturiertes Nahverkehrsnetz mit 12 Straßenbahnlinien, 29 Buslinien, vier Fährstellen und zwei denkmalgeschützten Bergbahnen **51**.

Das gesamte Stadtgebiet Dresdens (einschließlich Pillnitz) wird von den Dresdner Verkehrsbetrieben „befahren" und ist im Verkehrsverbund Oberelbe zu **einer Tarifzone (Tarifzone 10)** zusammengefasst. Somit gibt es innerhalb der Stadt **nur eine Preisstufe.**

Für Fahrten mit der **Schwebe- und Standseilbahn** gelten gesonderte Preise (s. S. 104).

❯ **DVB (Dresdner Verkehrsbetriebe):** www.dvb.de
❯ **VVO (Verkehrsverbund Oberelbe):** www.vvo-online.de
❯ **Einzelfahrt** (1 Stunde): 2,20 €, erm. 1,50 €
❯ **4er-Karte:** 8 €, erm. 5,20 €

❯ **4er-Karte Kurzstrecke** (max. 4 Halte-
stellen, ohne Umstieg): 5,50 €
❯ **Tageskarte** (gültig bis 4 Uhr des
Folgetages): 6 €, erm. 5 €
❯ **Familientageskarte** (max. 6 Personen
inkl. 2 Erwachsene, gültig bis 4 Uhr des
Folgetages): 9 €
❯ **Wochenkarte** (7 Tage): 21 €, erm. 16 €
❯ **Kinder** unter 6 Jahren fahren kosten-
los, für Kinder von 6 bis 14 Jahre gilt der
ermäßigte Preis.
❯ **Dresden-Card:** Mit der Dresden-
Card (s. S. 117) fährt man kostenlos
im Stadtgebiet (City-Card) bzw. im
Stadtgebiet und im Umland
(Regio-Card).

Tickets für die DVB sind an **Fahr-
scheinautomaten** an allen wichtigen
Haltestellen oder in einem der **Servicezentren** an Albertplatz ⑭, Hauptbahnhof ㉝, Pirnaischem Platz, Postplatz oder der Prager Straße ㉜ erhältlich. In der Straßenbahn hat man
die Möglichkeit, am Automaten ein Ticket zu ziehen, und im Bus kann man
den Fahrschein direkt beim Fahrer
kaufen. Darüber hinaus bieten zahlreiche Geschäfte und Hotels Fahr-
scheine zum Verkauf an.

❶173 [C7] **DVB-Kundenzentrum im „Wilsdruffer Kubus"**, Postplatz 1, Haltestelle
Postplatz, Mo.–Fr. 9–19, Sa. 9–18, So.
u. Feiertag 10–18 Uhr
❶174 [C9] **DVB-Servicepunkt Hauptbahn-
hof/Wiener Platz**, Haltestellen Hauptbahnhof u. Hauptbahnhof Nord, Mo.–Fr.
8–19, Sa. 8–18, So. 9–18 Uhr
❶175 [E4] **DVB-Servicepunkt am Albertplatz**, Haltestelle Albertplatz, Mo.–Fr.
9–18, Sa. 9–16 Uhr
❶176 [D7] **DVB-Servicepunkt Pirnaischer
Platz**, Haltestelle Pirnaischer Platz,
Mo.–Sa. 9–17 Uhr
❶177 [D8] **DVB-Servicepunkt Prager
Straße**, Haltestelle Prager Straße,
Mo.–Fr. 9–19, Sa. 9–18 Uhr

Taxi

❯ **Taxi Dresden:** Tel. 211211 oder
www.taxi-dresden.de
❯ **Rikscha-Taxi:** Tel. 0160 92708603,
www.rikschataxi-dresden.de, Preise ab
15 €/30 Min. pro Person

Schifffahrt

Nicht nur auf Straßen oder Schienen
kann man in Dresden von A nach B
gelangen, sondern auch auf dem
Wasser. Die Elbe macht es möglich:
z. B. bei einer gemütlichen Fahrt mit
dem **Schaufelraddampfer**. 2011 fei-
erte die **Sächsische Dampfschifffahrt** ihr 175-jähriges Jubiläum. Auf
den 13 Dampfern der **Weißen Flotte**
können normale Linienfahrten oder
gleich ganze Rundfahrten innerhalb
der Stadt oder ins Umland unternommen werden. Insgesamt **14 Anlegestellen** fährt die Sächsische Dampfschifffahrt an, darunter Dresden (Terrassenufer, unterhalb der Brühlschen
Terrasse, zwischen Carolabrücke und
Augustusbrücke ㊳), Blasewitz (Blaues Wunder ㊾), Schloss Pillnitz ㊷,
Kurort Rathen und Königstein.

Fahrpreise

Tickets werden online und an den Anlegestellen verkauft:
❯ www.saechsische-dampfschifffahrt.de
❯ **Familienkarte** (max. 2 Erw. u. mind. 1
bis max. 5 Kinder bis 14 Jahre): 39,90 €
❯ **Stadtrundfahrt:** Dresden – Blaues Wunder – Dresden 1,5 Std., Preise: Abfahrt
11 Uhr 14 €, erm. 9 €; Abfahrt 13 Uhr
15 €, erm. 10 €; Abfahrt 15 Uhr 16 €,
erm. 11 €
❯ **Abendrundfahrt:** Dresden – Pillnitz –
Dresden 2,5 Std., 17,50 €, erm. 10 €
❯ **Ermäßigungen:** Kinder unter 6 Jahren
fahren kostenlos, für Kinder von 6 bis 14
Jahre gilt der ermäßigte Preis. Geburts-

tagskinder jeden Alters fahren auf allen Linien- und Rundfahrten kostenlos.

❯ **Parken:** Gebührenpflichtige Parkplätze z. B. unter der Carolabrücke [E6], in der Tiefgarage am Neumarkt ❶ oder an der Frauenkirche ❷

Wetter und Reisezeit

Dresden ist **das ganze Jahr** über ein beliebtes Reiseziel. Ob milder Frühling, heißer Sommer, bunter Herbst oder verschneiter Winter, die Stadt ist zu jeder Jahreszeit reizvoll. Selbst bei Schmuddelwetter bezaubert sie ihre Besucher bei einem vor Wind und Wetter geschützten Besuch in einem der Museen oder einer der anderen kulturellen Einrichtungen.

Die **Hauptreisezeit dehnt sich von Mai bis September.** Bei angenehmen durchschnittlichen Temperaturen um die 19/20 Grad im Mai und September und um die 24 Grad in den Sommermonaten herrscht in Dresden ein eher **mildes Klima.** Dann ist die Zeit für sämtliche Aktivitäten an der frischen Luft – Open-Air-Veranstaltungen an den Elbwiesen (Filmnächte), Stadtfest, Dampferfahrt, Flanieren auf der Brühlschen Terrasse u.v. a.m.

In den **Wintermonaten** kann das Thermometer des Öfteren unter die Null-Grad-Marke purzeln. Der klirrenden Kälte, dem Schnee oder dem eisigen Wind wird dann in der Weihnachtszeit mit einem heißen Glühwein oder alkoholfreien Punsch auf dem Striezelmarkt oder einem der anderen Weihnachtsmärkte getrotzt. Durch den traditionellen **Striezelmarkt** (s. S. 14) erlebt Dresden im letzten Monat des Jahres noch einmal einen beachtlichen Besucheransturm. Besonders charmant ist es übrigens im Winter, frühmorgens auf dem frisch verschneiten Theaterplatz oder im Zwinger die ersten Spuren zu hinterlassen.

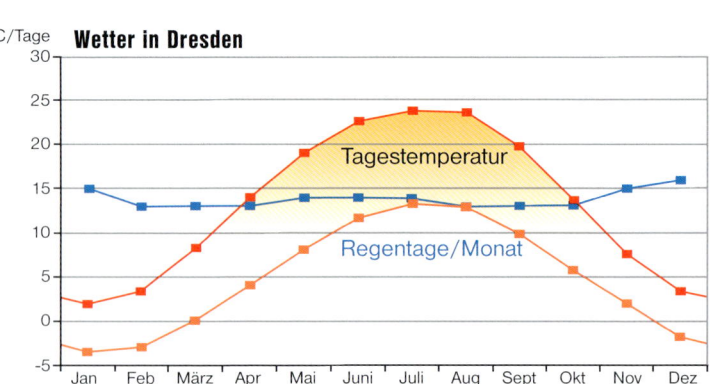

°C/Tage **Wetter in Dresden**

Tagestemperatur

Regentage/Monat

Jan Feb März Apr Mai Juni Juli Aug Sept Okt Nov Dez

ANHANG

071dn Abb.: jm

Register

Die Autoren

Die beiden Autoren **Beate Reußner** und **Jürgen Bosenius** haben sich begeistert auf Erkundungs- und Recherchetour durch ihre Heimatstadt bzw. ehemalige Wahlheimat begeben – um Geschichten nachzuspüren und interessanten Menschen zu begegnen.

Beate Reußner ist in Dresden geboren und aufgewachsen, Jürgen Bosenius hat einige Jahre in Dresden als Journalist bei der Sächsischen Zeitung gearbeitet. Beide leben und arbeiten aktuell in Berlin und sind durch Familie und Freunde eng mit Dresden verbunden und regelmäßig in der wunderschönen Stadt an der Elbe.

Sie möchten allen danken, die ihnen mit ihren Erzählungen, Tipps und Infos rund um Dresden wunderbare Inspirationen gegeben haben.

Schreiben Sie uns

Dieses Buch ist gespickt mit Adressen, Preisen, Tipps und Daten. Unsere Autoren recherchieren unentwegt und erstellen alle zwei Jahre eine komplette Aktualisierung, aber auf die Mithilfe von Reisenden können sie nicht verzichten. Darum: Teilen Sie uns bitte mit, was sich geändert hat oder was Sie neu entdeckt haben. Gut verwertbare Informationen belohnt der Verlag mit einem Sprachführer Ihrer Wahl aus der Reihe „Kauderwelsch".

Kommentare übermitteln Sie am einfachsten, indem Sie die Web-App zum Buch aufrufen (siehe Umschlag hinten) und die Kommentarfunktion bei den einzelnen auf der Karte angezeigten Örtlichkeiten oder den Link zu generellen Kommentaren nutzen. Wenn sich Ihre Informationen auf eine konkrete Stelle im Buch beziehen, würde die Seitenangabe uns die Arbeit sehr erleichtern. Unsere Kontaktdaten entnehmen Sie bitte dem Impressum.

Impressum

Jürgen Bosenius, Beate Reußner

CityTrip Dresden

© REISE KNOW-HOW Verlag
    Peter Rump GmbH 2012, 2014
3., neu bearbeitete und
    komplett aktualisierte Auflage 2015

Alle Rechte vorbehalten.

ISBN 978-3-8317-2578-6
PRINTED IN GERMANY

Druck und Bindung:
    Media-Print, Paderborn

Herausgeber: Klaus Werner
Layout: amundo media GmbH (Umschlag, Inhalt),
    Peter Rump (Umschlag)
Lektorat: amundo media GmbH
Karten: Ingenieurbüro B. Spachmüller,
    amundo media GmbH
Anzeigenvertrieb: KV Kommunalverlag GmbH &
    Co. KG, Alte Landstraße 23, 85521 Ottobrunn,
    Tel. 089 928096-0, info@kommunal-verlag.de
Kontakt: Osnabrücker Str. 79, 33649 Bielefeld,
    info@reise-know-how.de

Alle Angaben in diesem Buch sind gewissenhaft geprüft. Preise, Öffnungszeiten usw. können sich jedoch schnell ändern. Für eventuelle Fehler übernehmen Verlag wie Autoren keine Haftung.

Das komplette Programm zum Reisen und Entdecken von
REISE KNOW-HOW

- **Reiseführer** – alle praktischen Reisetipps von kompetenten Landeskennern

- **CityTrip** – kompakte Informationen für Städtekurztrips

- **CityTrip PLUS** – umfangreiche Informationen für ausgedehnte Städtetouren

- **InselTrip** – kompakte Informationen für den Kurztrip auf beliebte Urlaubsinseln

- **Wohmobil-Tourguides** – alle praktischen Reisetipps für Wohnmobil-Reisende

- **Wanderführer** – exakte Tourenbeschreibungen mit Karten und Anforderungsprofilen

- **KulturSchock** – Orientierungshilfe im Reisealltag

- **Kauderwelsch Sprachführer** – vermitteln schnell und einfach die Landessprache

- **Kauderwelsch plus** – Sprachführer mit umfangreichem Wörterbuch

- **world mapping project™** – aktuelle Landkarten, wasserfest und unzerreißbar

- **Edition REISE KNOW-HOW** – Geschichten, Reportagen und Abenteuerberichte

u Hause und unterwegs – intuitiv und informativ

▶ www.reise-know-how.de

- **Immer und überall** bequem in unserem Shop einkaufen
- Mit **Smartphone, Tablet** und **Computer** die passenden Reisebücher und Landkarten finden
- **Downloads** von Büchern, Landkarten und Audioprodukten
- Alle **Verlagsprodukte** und **Erscheinungstermine** auf einen Klick
- **Online** vorab in den Büchern **blättern**
- Kostenlos **Informationen**, **Updates** und **Downloads** zu weltweiten Reisezielen abrufen
- **Newsletter** anschauen und abonnieren
- Ausführliche **Länderinformationen** zu fast allen Reisezielen

Dresden, Umgebung

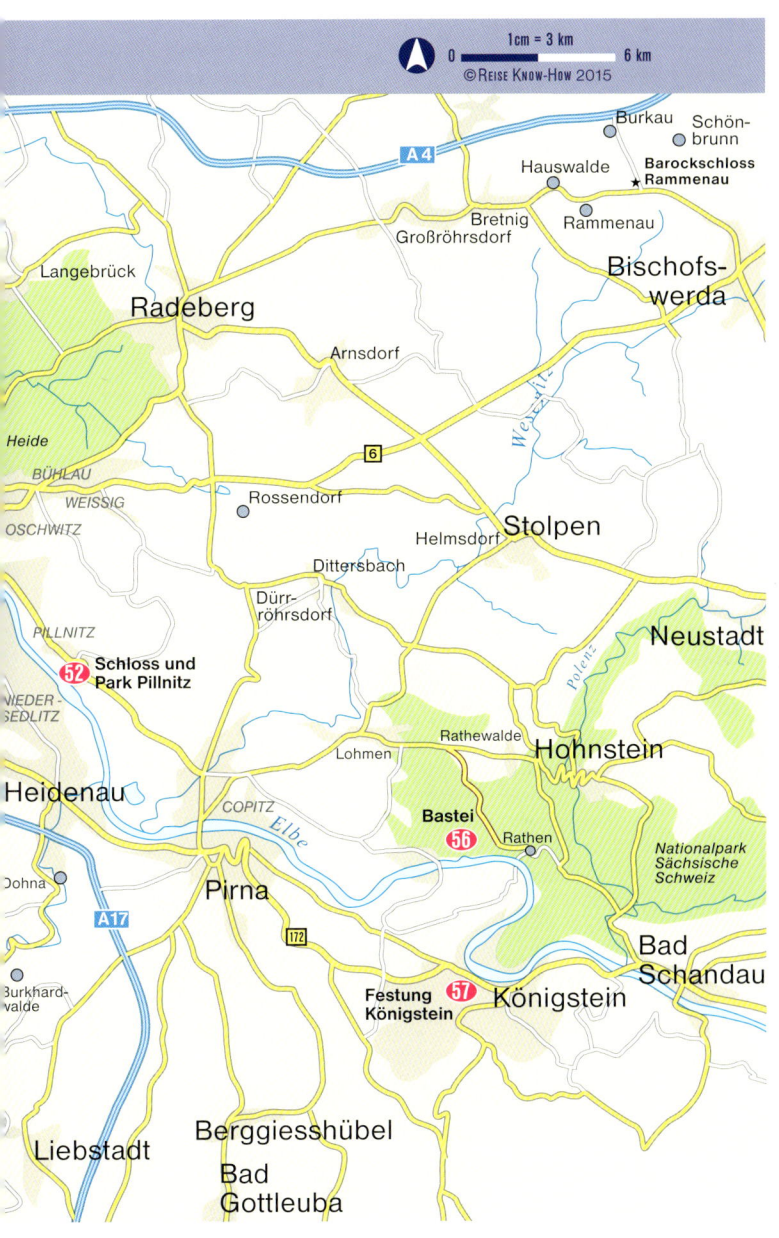

Liste der Karteneinträge

Liste der Karteneinträge

Zeichenerklärung

❶	Sehenswürdigkeit
✚ ✚	Arzt, Apotheke, Krankenhaus
❶	Bar, Bistro, Klub, Treffpunkt
🕮	Bibliothek
☕	Café
🗿	Denkmal
🏛	Galerie
▲	Geschäft, Kaufhaus, Markt
🏨	Hotel, Unterkunft
❶	Imbiss
❶	Informationsstelle
@	Internetcafé
🛏	Jugendherberge, Hostel
⛪ ✝	Kirche
❶	Kneipe, Biergarten
☪	Moschee
🏛	Museum
❶	Musikszene, Disco
🅿 🅿	Parken
✉	Postamt
🔫 ⚙	Polizei
❶	Restaurant
Ⓢ	S-Bahn
≋	Schwimmbad
—⊙—	Straßenbahn/Tram
★	Sehenswertes
●	Sonstiges
Ⓢ	Sporteinrichtung
✡	Synagoge
☾ 🎭	Theater
❶	vegetarisches Restaurant
▬▬	Stadtspaziergang (s. S. 8)
⬭	Shoppingareale
⬭	Gastro- und Nightlife-Areale

Hier nicht aufgeführte Nummern liegen außerhalb der abgebildeten Karten. Ihre Lage kann aber wie die von allen Ortsmarken im Buch mithilfe der Web-App angezeigt werden (siehe rechte Seite).

Dresden mit PC, Smartphone & Co.

QR-Code auf dem Umschlag scannen oder www.reise-know-how.de/citytrip/dresden15 eingeben und die kostenlose Web-App aufrufen (Internetverbindung zur Nutzung nötig)!

GRATIS-APP
✓orientieren
✓informieren
✓verständigen

★Anzeige der Lage und Luftbildansichten aller beschriebenen Sehenswürdigkeiten und weiterer Orte

★Routenführung vom aktuellen Standort zum gewünschten Ziel

★Exakter Verlauf des empfohlenen Stadtspaziergangs

★Audiotrainer der wichtigsten Wörter und Redewendungen

★Aktuelle Infos nach Redaktionsschluss

GPS-Daten zum Download

Auf der Produktseite dieses Titels unter www.reise-know-how.de stehen die GPS-Daten aller Ortsmarken als KML-Dateien zum Download zur Verfügung.

Stadtplan für mobile Geräte

Um den Stadtplan auf Smartphones und Tablets nutzen zu können, empfehlen wir die App „PDF Maps" der Firma Avenza™. Der Stadtplan wird aus der App heraus geladen und kann dann mit vielen Zusatzfunktionen genutzt werden.

Apps zu Dresden

Eine Auswahl an empfehlenswerten Dresden-Apps finden Sie auf Seite 119.

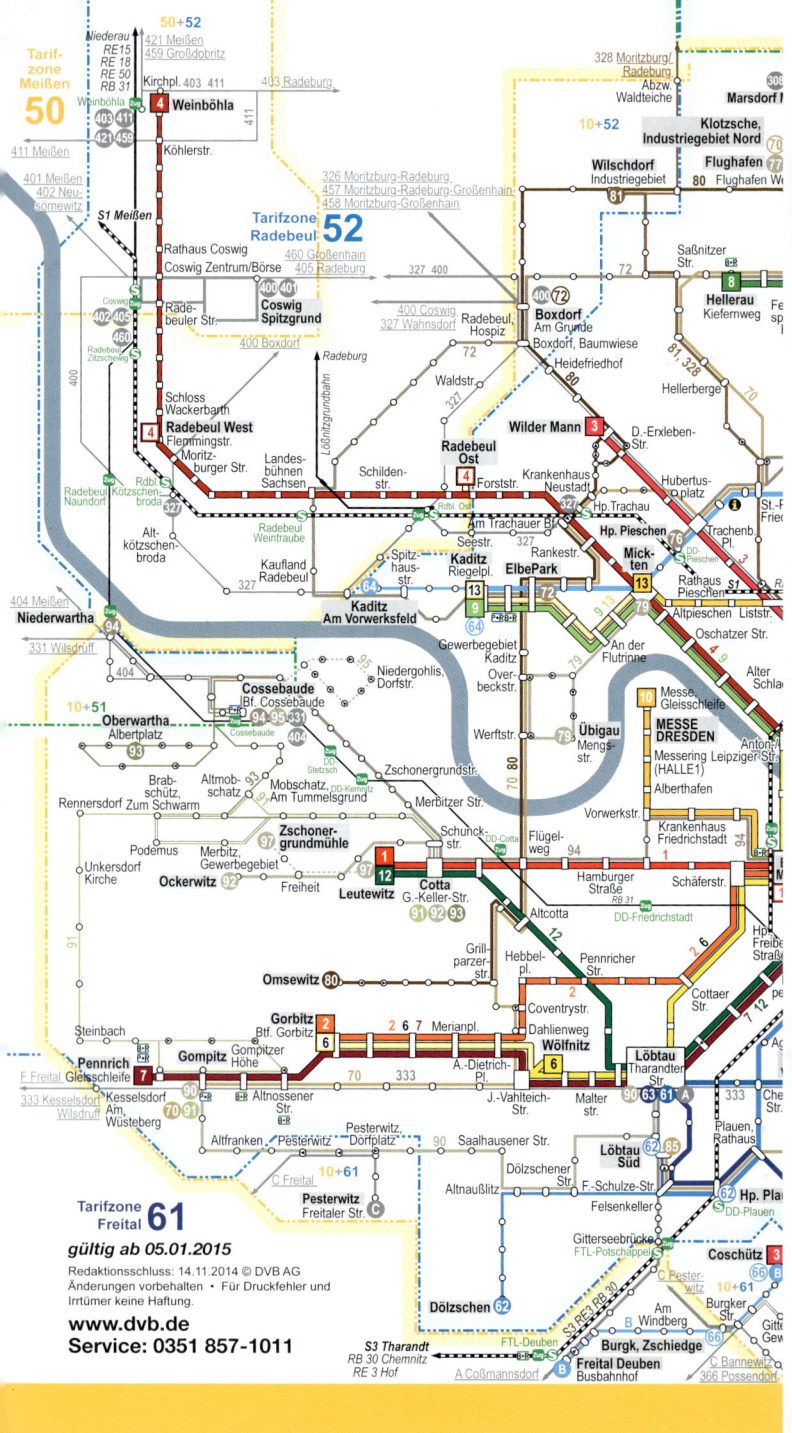